Barbara Baždarić:

PANDORA'S BOX ON SALE
PANDORINA KUTIJA NA RASPRODAJI

ISBN 978-0-997-1333-8-7

Library of Congress Control Number:
2021900698
Text Copyright © Barbara Baždarić
Translation Copyright © Barbara Baždarić
Cover illustration © Hrvoje Marko Peruzović
Design by Nediljko Bekavac Basić
Edited by Tin Lemac and Marko Maras
All rights reserved.

Printed in the USA
www.perlinapress.com

Knjiga je tiskana uz financijsku potporu Ministarstva kulture i medija
Republike Hrvatske
(This book was published with the financial support
of the Ministry of Culture and Media of the Republic of Croatia.)

Barbara Baždarić

PANDORA'S BOX ON SALE

PANDORINA KUTIJA NA RASPRODAJI

ACKNOWLEDGEMENTS

First and foremost I would like to thank my family, my dear daughters Lara and Tea, my husband Hrvoje, my mum Olga, and my dad Stjepan for their endless support.

I also owe an enormous debt of gratitude to all those who contributed to the creation of this book of poems. Special thanks to my ever-patient publisher Irena Stanić Rašin who motivated me to translate this book into English. I consider myself privileged to have had her accompany me during this entire process. A huge thank you to my amazing editors Tin Lemac and Marko Maras for assisting me in making my poems sharp and consistent enough and put into right place. I am immensely grateful to my proofreaders Antonija Vlahović and Tommy Seller for being so devoted when supervising every single aspect and every single word and line. I thank Marina Katinić Pleić from the bottom of my heart for reading my poems and writing a great review. My deepest gratitude goes to Hrvoje Marko Peruzović who let me use his painting on my cover page. My appreciation also goes to my designer Nediljko Bekavac Basić who did all the important touches and layouts, and gave such valuable input.

I am truly lucky to have you. So many thanks to all of you!

POVRAĆANJE PRAZNINE

Podastrijeti se jednom svijetu znači upijati mnoge druge svjetove. Paradoksalno, zar ne? Pa ne bih rekao. Uzeti knjigu u ruke ili makar jednu rečenicu ili stih, otvoriti oči, možda i usta, osjetiti protok svježeg zraka ili zagušljive pare, mirisati cvijeće na pustopoljini ili malo pogrebati jantarne svitke s tundrina tla...

Svaki put kad pomislim što je kritika, a što kritičarski posao, što znači angažirano i profesionalno čitanje, prenerazim se. Pred hrpom slovnih ulomaka koji se vezu na haljine lebdećih značenjskih vila i koturajućih planinarskih kućica, zastajem. Ima knjiga pred kojima zastaneš, padneš, napraviš nekoliko skokova uvis i nađeš se u mekoj dolini. Ponekad si letjelicom lansiran u svemir ili samo nadbrežje tekstnih neravnina. Zibaš se tamo, čas te boli glava, čas piješ vodu i kavu i čaj, a čas lupaš o zidove ne bi li nadglasao zvukove koje puštaju podzemni zmajevi koji stvaraju pukotine na tekstnoj zemlji.

I ovaj običan i ovaj letimičan i ovaj poetski zavodljiv, a končetozan uvod, trebao mi je kako bih vreću impresionističkih pošiljki osovio na leđa i krenuo na put Barbarinom novom knjigom. Ukoričenim izdanjem od sto dvadeset i nešto stranica, opranim, osušenim, ispeglanim, vodom poškropljenim poetskim rubljem leti nam jedna nova autorska samosvijest. Što želim reći? Želim reći kako pratim Barbaru od njezinih početaka, točnije od zbirke *Grizem*. Prvi pokušaj pozicioniranja svoje lirske junakinje prema svijetu i bacanje užarenih plamenih kugli prema njemu preko *Mislim da sam vidjela izvazemaljca* u kojem su refleksija svijeta i samorefleksija narasle do razine da je sama junakinja postavila sebe u autotematizacijski prostor i zagrizla veliki dio vlastite poetske torte. Treća zbirka nije samo nadrastanje prethodnih dviju, već semantički kvantni skok od prethodnosti. Obogaćena sadašnjost – reklo bi se kratko i jednostavno!

Polako prelazim kritičke ceste i na najširoj prometnici iscrtavam izohipse Barbarina teksta. Naslov glasi *Pandorina kutija na rasprodaji*. Motiv Pandorine kutije možemo shvatiti kao element grčkog mitološkog sustava stvaranja svijeta i arhetipske podjele na dobro i zlo. Mitem nade koji se metonimijski asocira s dobrim jedan je od provodnih motiva ove zbirke, a činjenica da se motiv stavlja u humorno-ironijsku relaciju čini tu zbirku još složenijom. Prije svega, riječ je o površinskom humoru, a zapravo dubokoj sjeti i melankoliji koju lirska junakinja osjeća na svom putu.

Idejnotematski okvir knjige čini lirska odiseja u potrazi za Smislom i Apsolutom, ali ne u onom pretencioznom značenju Istine i Bitka ili nekoj možebitnoj apsolutizaciji, već je poetski put literarno i empirijski motiviran i dolazi do one točke i granice dokud poetsko-životni trenutak to omogućuje. Autorica obnavlja bitnu poetološku relaciju subjekt – svijet koju je zaposjela još u zbirci *Grizem*, ali ovdje joj pristupa u jednoj značenjski kompleksnijoj poziciji. Prije svega, subjekt je dekonstruirao svijet i sebe u poetičkoj i svjetonazorskoj poziciji, postavio sebi i njemu značenjske stupice i pokušava odmotati svoje niti ne bi li ušao u prostor posvemašnje samorefleksije. U poetičkom smislu svijet je bio projiciran romantičarskim ideologemom svjetske boli do egzistencijalističkog Užasa i bačenosti u isti, a sada se junakinja empirijski i literarno približila modernističkom pristupu nužnosti sukoba sa svijetom kako bi samorefleksija dala bogatije plodove. Njoj, reći ćemo to više laički, svijet smeta. Diktator je to sa žezlom u ruci i tragom krvi prethodne žrtve koji muči svoje podanike raznovrsnim identitetima koji su unaprijed zadani. Barbarina lirska junakinja opire mu se, šamara ga, ruga se riječima, gestama, smislom. U tom kolopletu misaonih i emotivnih signala rađa se druga junakinja, junakinja crtano, koja je evoluirala u sigurniji, autentičniji prostor. Zanimljiva je i činjenica da se autorici, a i lirskoj junakinji nije dogodio postmodernistički paradoks konstruktivističke inhibicije u potonjem odnosu. Što to dugoročno može značiti, vidjet ćemo u narednim zbirkama.

Poetički sagovi rasprostrti u trima ciklusima koji nose semantički indikativne naslove (Autorsko pravo na san, Ima li Hitchook noćne more, Ikarov tečaj letenja) nose približno jednak broj pjesama, poetika im je približno odrediva, a idejnotematski horizont opisan u prethodnim paragrafima. Toliko glačanja pjesama i njihov rubova, izbjegavanje crta na uzdužno prostrtim poetskim hlačama od osjetljiva materijala, zaista nam ukazuje koliko se autorica i tehnički usavršila! Poetika je ispovjedna i refleksivna, s pretezanjem refleksivne strane. Novost koju je autorica počela koristiti metapoetička su pitanja čime se njezina poetika bogati i penje do složenijih oznakovljenja poetskog semiosisa. U prvom ciklusu svijet je još obilato pristun kroz razlikovne odnose prema subjektu/lirskoj junakinji (Skupovi, Anja sebe sanja, Dalija, Izabrana pjesma), slobodu od svijeta (Riječi koje nedostaju, Dragi Kandinsky), tematizaciju nekih Univerzalija kao što su prostornovremenski odnosi (Priviđenje), odnos slučajnog i namjernog (Moglo bi se reći), pitanje pripadanja i nepripadanja (Afektiranje), objektiviranje subjekta prilikom procesa samorefleksije (E-Barbara), pokušaja zaposjedanja vlastita glasa u svijetu (Na dan D) i odnosa vanjskog i unutarnjeg svijeta (Misli što hoćeš, Pokušaj). Drugi ciklus konkretizira entitet svijeta kroz religijsku (Glina) i nacionalnu (Slučajnost, Kad odem) paradigmu da bi završni ciklus kulminirao u zaposjedanju trenutno dohvatljivih ideja (izdvajam pjesme Curriculum vitae i Škola kao najuspješnije). U svim je ciklusima obilje metapoetičkog poetskog materijala; prijevod jednog poetskog svijeta drugim svijetom i plodni semantički sudar (Hipnoza), čin pisanja (Priznanje, Pred ovim jednim okom), postanak poezije iz magije kao jedna od teorijskih postavki (S onoga svijeta) i autopoetičke senzacije (Pjesnik).

U stilskom smislu, sagovi su dobili mnoge šare, ali važno je naglasiti kako se Barbarine pjesme prije svega grade na složenoj metaforičnosti koja nije filozofski visokoparna ni manistički kočoperna, već slojevita, rebusasta, bježeća pred značenjem u smisao. Zato, njezine se pjesme čitaju dugotrajno i u kontinuitetu jer koncept uvjetuje sadržaj, ali ne zasjenjuje ga. U ovoj je zbirci primjetan utjecaj Anke Žagar po pitanju neologije (obespoliti, stvarina), ideologema bjeline kao ishodišta subjekta i svijeta u arhetipskom smislu te sverastuće metapoezije. Izdvojit ću samo primjer metapoetičke apostrofe (pjesmo, vrati mi pero) ili metapoetičke personifikacije (i jaukne voda / sva od stiha živa). Utjecaji raznovrsnih diskurza koji predstavljaju svijet (filmski, filozofski, literarni, kemijski, biološki) reducirani su na indeksne znakove svoje vlastitosti, a jako se razvijaju gnomski, derivacijski i brojalički retorički oblici koji se resemantiziraju kako bi ušli u silnice Barbarina pjesništva. Posebno obraćam pažnju na razvijeni derivacijski diskurz koji se stilizira značenjima iz sadržajnih slojeva (Pretvaranje, Iznenadila sam se, Padaju). Stihovi su kratki, dinamički se smjenjuju, sintaksa pokazuje kontinuitet i diskontinuitet ovisno o pjesmi. Diskontinuitet se pojavi kad se preskaču iskazno-referencijalna, a time i semantička polja što pjesme čini složenijim naseljima od onih kontinuirano građenih. Na trenutke, smisaone okuke zapadnu i u jezični hermetizam zbog preslagivanja metaforičkog gradiva (gaseći utvaru / što je naoticala od traženja / spotičući se o kapitalizam).

Na samom kraju, moj oslabljeni kritički i čitateljski subjekt ponudit će poneki recepcijski smjer. Napisati poneku uputu za rukovanje ovim vrelim značenjskim strojem kojemu vrište kotači i kotačići kad je priključen na struju prikladnog napona. Svi koji očekuju prethodnu prpošnost i vrckastost i koji autoricu i lirsku junakinju nekritički izjednačavaju, malo će se razočarati. U knjizi ih čeka složena lirska potraga, pustolovina s visokom rizičnošću.

Zato, dragi čitatelji, svežite se sigurnosnim pojasima, na glave stavite kacige jer ćete biti lansirani u orbite visokim semantičkim brzinama i povremeno možda povratite pokoju prazninu. Za svaki slučaj!

Tin Lemac

VOMITING THE VOID

Succumbing to one world means absorbing many other worlds. Isn't it paradoxical? Well, not really. Taking up a book, or at least one sentence or verse, opening your eyes and maybe your mouth too, feeling the breath of fresh air or suffocating vapor, smelling flowers in the wasteland or scraping at amber scrolls on the ground of the tundra...

Each time I think about the meaning of criticism and the job of a critic, the meaning of engaged and professional reading, I am shocked. The mass of lettered fragments, stitched to the robes of floating semantic fairies and rolling mountain lodges, gives me pause. There are books that make you stop, fall, perform a couple of high jumps, and find yourself in a soft valley. Sometimes you are in a spacecraft launched into space or just a ridge of textual bumps. You you find yourself having a headache, taking a drink of water of coffee or tea, or banging on the walls to drown out the sounds of underground dragons cracking the textual ground.

I needed this ordinary, cursory, poetically seductive, concetto-style introduction to put the bag of impressionist messages on my back and set off across Barbara's book. Over the bound edition with one hundred and twenty something pages, over this washed, dried, ironed, sprinkled poetic laundry, there floats the consciousness of a new self-assured poet. What do I mean? I mean I have been following Barbara since her beginnings, or rather since her collection *I Bite*. Then came *I Think I Saw an Alien*, her first attempt to orient her lyrical heroine towards the world and hit it with a volley of searing balls of fire; in that collection, world reflection and self-reflection rose to the level where the heroine placed herself in a self-referencing space and bit a large chunk of her own poetic cake. The third collection has not just outgrown the first two, but made a semantic quantum leap. Summed up in two words: enriched present.

I slowly cross critical roads to the busiest artery, where I draw isohypses of Barbara's text. The title reads *Pandora's Box on Sale*. The image of Pandora's box can be understood as an element of the Greek mythological system of world creation and the archetypal struggle between good and evil. The myth of hope, which is metonymically associated with good, is one of the leitmotifs of this collection; placing it into humorous and ironic relations makes the collection even more complex. Hidden behind the superficial humor, there is deep wistfulness and melancholy felt by the lyrical heroine on her way.

The ideas and themes in this book are framed by a lyrical odyssey in search of Meaning and the Absolute, but not in the pretentious sense of Truth and Being or potential absolutizing. Instead, Barbara's poetic path has a literary and empiric motivation, reaching the point and limit allowed by her poetic moment in life. The poet restores the important poetic relation subject – world, which she already took hold of in the collection *I Bite*. Here, however, she approaches it in the context of more complex meanings. To start with, the subject has deconstructed the world and herself in a poetic and worldview position, setting traps of meaning to both, and trying to unwind her threads in order to reach the space of total self-reflection. In the poetic sense, the romantic ideology of world weariness projected the world into existential Horror and thrownness into it, but now the heroine chooses an empiric and literary approach to get close to the modernist need for a conflict with the world in order for self-reflection to bear richer fruit. In layman's terms, the world bothers her. It is a dictator with a scepter and a trace of blood of the last victim, torturing its subjects with various predetermined identities. Barbara's lyrical heroine resists it, slaps it, mocks it with words, gestures, meanings. This whirlwind of mental and emotional signals gives birth to another heroine, who evolves in a safer, more authentic space. Interestingly, neither the poet nor the lyrical heroine in their relationship fell victim to the postmodernist paradox of constructivist inhibition. Future collections will show what this could mean in the long run.

Each of the poetic carpets rolled out in the three cycles with semantically indicative titles (Copyright to the Dream, Does Hitchcock Have Nightmares, Icarus' Flying Course) has a similar number of poems, a similar poetic method, and the ideological and thematic horizon described in the previous paragraphs. The high polish of the poems and their edges, avoiding the ironing marks on the delicate texture of the laid out poetic trousers, shows that the poet has perfected her technique. Her art is confessional and reflexive, with an accent on the reflexive. This collection introduces metapoetic questions, enriching her art and soaring to more complex signifiers of the poetic semiosis. In the first cycle, the world is still abundantly present through its distinctive relations with the subject/lyrical heroine (Sets, Anna Sees Anna, Dahlia, The Chosen Poem), in the freedom from the world (The Missing Words, Dear Kandinsky), in the thematization of certain Universalities such as space-time relations (Apparition), the relationship between the accidental and the intentional (One Could Argue), the issue of belonging and non-belonging (Affectation), objectifying the subject during self-reflection (E-Barbara), trying to come into one's own voice in the world (On D-Day), and the relationship between the external and internal worlds (Think What You Will, The Attempt). The second cycle concretizes the entity of the world through the paradigms of religion (Clay) and nation (Coincidence, When I Go); the final cycle culminates when it takes possession of the currently reachable ideas (here I single out Curriculum vitae and School as most successful). All the cycles have a wealth of metapoetic material: the translation of one poetic world by another and fruitful semantic collisions (Hypnosis); the act of writing (Confession, Before This Single Eye); the origin of poetry in magic as a theoretical setting (From the Other World); and autopoetic sensations (The Poet).

In terms of style, the carpets have been woven with many patterns. It should be pointed out, however, that Barbara's poems are primarily built on complex metaphors that are not philosophically overbearing or manneristically bombastic, but layered, enigmatic, hiding from meaning in the essence. Her poems demand to be read over a long period and continuously, because the concept conditions the content but does not overshadow it. This collection reveals the influence of Anka Žagar in its neologisms, the ideology of whiteness as the origin of the subject and the world in the archetypal sense, and the ever growing metapoetry. I will single out just one example of a metapoetic apostrophe (poem / give me back my pen) and a metapoetic personification (and the water moaned / alive with verse). The influences of various discourses representing the world (film, philosophy, literature, chemistry, biology) are reduced to index signs of their distinctiveness; there is a proliferation of gnomic, derivational, and doggerel rhetorical forms, which are resemanticized to follow the force lines of Barbara's poetry. I particularly indicate the developed derivational discourse that is stylized with meanings from the layers of content (Conversion, I Am Surprised, Falling). The short verses flow dynamically, the syntax has continuity or discontinuity depending on the poem. Her poems tend to skip expressive referential and semantic fields, and such discontinuity makes them more complex than steadily built structures. At times, turns of phrase plunge into linguistic hermeticism caused by the rearrangements of metaphorical material (extinguishing the apparition / which swelled from searching / as it stumbled over capitalism).

Finally, my weakened critical and reading subject will offer some directions for reception. A few instructions would be handy for operating this hot meaning machine with gears that scream at ideal voltage levels. Those who come expecting the cheer and cheek of her previous work, uncritically equating the poet with the lyrical heroine, will be a little disappointed. What awaits them is a complex lyrical quest, a high-risk adventure.

So, dear readers, fasten your seat belts and put your helmets on. You are about to be launched into orbits at high semantic speeds, and occasionally you might vomit a void or two. Just in case.

Tin Lemac, PhD

Kazalo ⚘ Contents

povraćanje praznine 7
vomiting the void 11
AUTORSKO PRAVO NA SAN 25
COPYRIGHT TO THE DREAM 25
SKUPOVI 26
SETS 27
AUTORSKO PRAVO NA SAN 28
COPYRIGHT TO THE DREAM 29
PJESMA S MIKROFONOM 30
A POEM WITH A MICROPHONE 31
HIPNOZA 32
HYPNOSIS 33
LISTOVI DRVEĆA 34
THE LEAVES OF TREES 35
ANJA SEBE SANJA 36
ANNA SEES ANNA 37
DALIJA 38
DAHLIA 39
IZABRANA PJESMA 40
THE CHOSEN POEM 41
S ONOGA SVIJETA 42
FROM THE OTHER WORLD 43
U DVORIŠTU 44
IN THE YARD 45
RIJEČI KOJE NEDOSTAJU 46
THE MISSING WORDS 47
PRIZNANJE 48

CONFESSION	49
DRAGI KANDINSKY	50
DEAR KANDINSKY	51
JEDAN NA JEDAN	52
ONE ON ONE	53
SADA ILI NIKADA	54
NOW OR NEVER	55
PIŠITE	56
WRITE	57
E-BARBARA	60
E-BARBARA	61
IZNENADILA SAM SE	62
I AM SURPRISED	63
BESKRAJ	64
INFINITY	65
GEJZIR	66
THE GEYSER	67
ISKAŠLJAVANJE	68
COUGHS	69
MOGLO BI SE REĆI	70
ONE COULD ARGUE	71
PRETVARANJE	72
CONVERSION	73
NA DAN D	74
ON D-DAY	75
PRIVIĐENJE	78
APPARITION	79
POGLED	80
THE GAZE	81
PREDVIĐANJE	82

FOREBODING	83
LJUBIMCI	84
PETS	85
MISLI ŠTO HOĆEŠ	86
THINK WHAT YOU WILL	87
POKLOPAC	88
THE LID	89
SVIM MOJIM PRIJATELJIMA	90
TO ALL MY FRIENDS	91
AFEKTIRANJE	92
AFFECTATION	93
AKO VEĆ PAZIŠ	94
SINCE YOU DECIDED TO TAKE CARE	95
NITKO NEĆE STATI UMJESTO TEBE	96
NOBODY WILL STOP INSTEAD OF YOU	97
JOŠ NEŠTO	98
ONE MORE THING	99
EPPUR SI MUOVE	100
EPPUR SI MUOVE	101
POKUŠAJ	102
THE ATTEMPT	103
IMA LI HITCHCOCK NOĆNE MORE	105
DOES HITCHCOCK HAVE NIGHTMARES	105
ATLANTIDA	106
ATLANTIS	107
SKLONITE SE	110
TAKE SHELTER	111
CRNA KUTIJA	112
THE BLACK BOX	113
MIT	114

MYTH	115
PIRAMIDA	118
THE PYRAMID	119
OKO ZA OKO	120
EYE FOR AN EYE	121
REPOVI	122
LOOSE ENDS	123
CITIRAJUĆI ALFREDA	124
QUOTING ALFRED	125
BUNILO	126
DELIRIUM	127
PARNI STROJ	128
THE STEAM ENGINE	129
KAMEN	132
A STONE	133
206 KOSTIJU NE TRAŽI PAKAO	134
206 BONES NOT LOOKING FOR HELL	135
ČOVJEKU KOJEMU SU U LOGORU IZVADILI ZUBE, ALI NE I DUŠU	136
TO THE MAN WHO HAD HIS TEETH, BUT NOT HIS SOUL, PULLED OUT IN THE CAMP	137
GLINA	140
CLAY	141
SLUČAJNOST	142
COINCIDENCE	143
IDENTITET	144
IDENTITY	145
POŠTAR	146
THE POSTMAN	147
KVAKA 22	148
CATCH-22	149

ROKOVO	150
SAINT ROCH'S DAY	151
KAO DA JE IMA	152
AS IF SHE WERE AROUND	153
LOGOPEDIJA	154
SPEECH THERAPY	155
NEŠTO JE BILO	156
SOMETHING HAPPENED	157
SPORIJI OD SVJETLOSTI	158
SLOWER THAN LIGHT	159
BITI	160
TO BE	161
ISKRE	162
SPARKS	163
NE PADA MI NA PAMET	164
I WOULDN'T DREAM OF THAT	165
NI RAT NI MIR	166
NEITHER WAR NOR PEACE	167
O TEMPORA, O MORES	168
O TEMPORA, O MORES	169
U DUBINU	170
INTO THE DEEP	171
VOLJA	172
WILL	173
NIKUD MI SE NE ŽURI	174
I'M IN NO HURRY	175
KAD ODEM	176
WHEN I AM GONE	177
DUG	178
THE DEBT	179

NA RASPRODAJI	180
ON SALE	181
PJESNIK	182
A POET	183
NE ZNAŠ	184
YOU DO NOT KNOW	185
CRNILO SIPE	186
CUTTLEFISH INK	187
SVAŠTA	188
NONSENSE	189
IKAROV TEČAJ LETENJA	193
ICARUS' FLYING COURSE	193
LET	194
FLIGHT	195
EPRUVETA	196
TEST TUBE	197
IMPULS	198
AN IMPULSE	199
PUCAJ	200
SHOOT	201
PADAJU	204
FALLING	205
HIMNA	206
ANTHEM	207
KAKO SI	208
HOW ARE YOU	209
IZNAD OČIJU	210
ABOVE THE EYES	211
ČOVJEK U ČOVJEKU	212
THE MAN IN MAN	213

DAN PLANETA ZEMLJE	214
EARTH DAY	215
FILANTROP	216
THE PHILANTHROPIST	217
JEDAN METAR OTPALIH KORAKA	218
ONE YARD OF DROPPED PACES	219
OPIJANJE	220
INTOXICATION	221
NA POČETKU ODLUKE	222
AT THE BEGINNING OF A DECISION	223
INVERZIJA	224
INVERSION	225
CURRICULUM VITAE	227
GRČ	230
THE SPASM	231
INSTRUMENT	232
AN INSTRUMENT	233
ARIJADNINA NIT	234
ARIADNE'S THREAD	235
LOV	236
HUNTING	237
NA DESET JEZIKA	238
IN A DOZEN TONGUES	239
OBJAVA	240
A REVELATION	241
ALI	242
BUT	243
NISAM ZNALA	244
I DIDN'T KNOW	245
PRED OVIM JEDNIM OKOM	246

BEFORE THIS SINGLE EYE 247
SLOBODA 248
FREEDOM 249
PRIČAMO 250
PO CIJELI DAN 252
ALL DAY LONG 253
U ZDJELICI 254
IN THE BOWL 255
ISPOD KAPAKA 256
UNDER THE EYELIDS 257
U POTKROVLJU 258
IN THE ATTIC 259
PACIJENT 260
THE PATIENT 261
UVIJEK BOLI 262
IT ALWAYS HURTS 263
UTJEHA 264
COMFORT 265
AKO DRUGOG NEMA 266
UNLESS THERE IS ANOTHER 267
U LETEĆEM INKUBATORU 268
IN A FLYING INCUBATOR 269
OBIČAN ŽIVOT 270
AN ORDINARY LIFE 271
ŠKOLA 272
SCHOOL 273
Nebo umočeno u dah – tajna nove poetske kutije Barbare Baždarić 275
Sky Dipped into Breath – the secret of a new poetic box by Barbara Baždarić 281

AUTORSKO PRAVO NA SAN

COPYRIGHT TO THE DREAM

SKUPOVI

otvorilo se svjetlo
i ja sam
ugledala skup dječaka i djevojčica
svjetlo se podijelilo
razdvajajući bjelinu

tad u nečem vidjeh
vjernike
vlasnike
tigrove
tulipane
hiperaktivne
hijene
šizofrenike
šutljive
štićenike
koji su se i dalje željeli dijeliti

morala sam zaboraviti bjelinu
jer bjelina uvijek ostaje sama
ona jedina više ne postoji
kad se jednom podijeli

ja sam znala da
pripadam skupu
u koji su me stavili oni
što misle da nešto vide

SETS

the light opened
and I
saw a set of boys and girls
the light split
dividing the whiteness

then I made out
the believers
the owners
the tigers
the tulips
the hyperactive
the hyenas
the schizos
the silent
the proteges
still wanting to be split

I had to forget the whiteness
for it always stays single
it alone is no more
when split

I knew
I belonged to a set
I was put there by those
who think they can see

AUTORSKO PRAVO NA SAN

lako rad od čovjeka
učini konja
a san junaka

netko bi trebao blagosloviti nagradu
za najzanimljiviju parodiju
nazvanu San
junački će sanjar

ali gdje ćeš s njom

na kraj svijeta
odgovori režiser
tamo gdje pucaju istine i laži
bez daha
gdje se dodiruje veličanstveni um
Leteće Muhe
i vikne
remake of The Fly

COPYRIGHT TO THE DREAM

so easy for man to work himself
into a horse
to dream himself into a hero

someone should bless the reward
for the most interesting parody
called the Dream
said the dreamer heroically

but where will you take it

to the end of the world
replied the director
where truths and lies shatter
breathlessly
where you touch the glorious mind
of The Fly
and he called out for
a remake of The Fly

PJESMA S MIKROFONOM

svugdje šuška
tišina
što se rasporedila
po zemlji
pa izgleda napola smiješno
kao da je udahnula komediju
iz koje će uskoro izaći
Ricky Gervais
noseći
this side of the truth

i utorak je sasvim
običan dan
ako ne radiš u uredu
ako se ne pojavi smrt
ako nikome ne pomogneš
ako te se nitko ne sjeti

if there is a God
why did he make me an atheist
govori mi Ricky

ako mu ja kažem što mislim
može li to ikoga zanimati

ispričavam se tišinom
ali i tišina uvijek šuška
i ne postoji bez razloga
ako netko ne misli drugačije

A POEM WITH A MICROPHONE

silence
rustles all around
as it spreads
over the earth
looking faintly ridiculous
as though it inhaled a comedy
that will soon produce
Ricky Gervais
carrying
this side of the truth

and Tuesday
is just an ordinary day
unless you work in an office
unless death shows up
unless you help someone
unless someone thinks of you

if there is a God
why did he make me an atheist
Ricky tells me

if I tell him what I think
would anyone care

I excuse myself with silence
but it always rustles
and is there for a reason
for those of a different mind

HIPNOZA

pomisli da je ovo pjesma
pomisli da je pišem tebi

kako ti zvuči tebi

sad makni navodnike

sad zamisli što želiš čuti
pogledaj
nigdje je nije bilo

to što si vidio i čuo
nije slučajno

to smo mi

HYPNOSIS

imagine this is a poem
imagine I am writing it to you

how does to you sound to you

now remove the quotation marks

now imagine what you want to hear
and look
it never was there

what you saw and heard
was no accident

it was us

LISTOVI DRVEĆA

u ovoj pjesmi
ima više od trideset
slova abecede
ne broji ih
samo vjeruj

sve što se broji
počinje se rušiti

treba proći
treba prolaziti
prolaziti
iako će se poremetiti sve što je bilo
iako ostaje
samo izbezumljena živa misao
da će nas još jednom dodirnuti nešto
iz čega će
ponovno narasti
ovo naše tijelo
što može čitati
s listova drveća

THE LEAVES OF TREES

in this poem
there are more than twenty-six
letters of the alphabet
do not count
take it on trust

all that is counted
comes tumbling down

it should pass
and go by
go by
though all that was will be disturbed
though there remains
only the frantic living thought
of being touched once again
by a thing
that will regrow
this body of ours
that can read
from the leaves of trees

ANJA SEBE SANJA

ako me čitaš
čitaj me slijeva i zdesna jednako
pa nek kroz tebe
sebe razumijem
na ovim rubovima samoće
gdje
Anja sebe sanjA

ako se ne odričeš
ove moje razbarušene žalosti
uvuci prste
pa iščupaj sijedu radost
nek se čini
da iz srca sijeva starost
u koju smo zašli
a mlađa je od ijedne tuge

ANNA SEES ANNA

if you read me
read me the same from the left or from the right
let it be through you
that I understand myself
on these edges of loneliness
where
Anna sees annA

if you will not renounce
this ruffled sorrow of mine
run your fingers through
and pull the gray joy out
let the heart seem
to shine with old age
we walked into
younger than any sorrow

DALIJA

bilo je ljeto
Dalija se utapala
u čaši vina
prišao joj je Petar i
pitao
kakva si ti to žena
jučer je izgubila maramice
onda prijatelja
sada je gubila vid
kakva sam ja to žena
ponovila je razgovijetno
puštajući kuglice znoja
da joj klize niz lice
rastvarajući duh sige
u špiljskoj paleti
okamenjenih navika
svoja
izgovarala je kapajući
kao da je nitko nije trebao grijati
u njezinom kršnom podzemlju
taložila se isprekidana ženolikost
koja se sad lomila na Petru
i svom onom kamenu oko nje
ostavljajući dah
izdišući još jednu
ljetnu večer
koja je trebala izgorjeti
na mjesečini

DAHLIA

it was summer
Dahlia was drowning
in a glass of wine
Peter walked to her
and asked
what kind of woman are you
yesterday she lost a tissue
then a friend
now she was losing sight
what kind of woman am I
she repeated clearly
letting beads of sweat
roll down her face
dissolving a stalagmite spirit
in the cavernous palette
of fossilized habits
my own
she said dripping
as if needing no one to keep her warm
in her karst underground
a fitful womankind had deposited
and now it broke over Peter
over all those rocks around her
out of breath
exhaling yet another
summer night
that should have burned
in the moonlight

IZABRANA PJESMA

ludi ste
što ste mi dali
ovo srce
da ga odasvud čujem

prastaro moje srce
ta tvoja krivnja
što te sto puta dijelila od živih
nek se proslavi u meni

oni što gledaju i slušaju
nek samo čuju kako razgovaram
s drvećem
morem
kućama
kukcima
tijelima
punih usta

tako sam sretna
što mogu izgledati još luđe
od ovoga što jesam
dok umirem zbog riječi
koje tako slobodno izgovaram
jednom
za
uvijek

THE CHOSEN POEM

you are crazy
to give me
this heart
so I can hear it from anywhere

oh my ancient heart
let this guilt of yours
always pushing you away from the living
be a glory inside me

those who watch and listen
let them hear me talk
with trees
with the sea
with houses
with insects
with bodies
with my mouth full

I am so glad
that I can look even crazier
than I am
while dying for words
that I speak so freely
once
and
for all

S ONOGA SVIJETA

držiš me za riječ
ja tebe za ruku

o kako mi je ruka
ispala iz glave
kako se ispružila

kad mislim dlanovima
vidim dodir
mogu baciti oko
na inverziju uma

mogu vidjeti
kako me probada
glasna toplina
od koje smo
ti i ja nastali
s onoga svijeta
iz kojeg su izašle
i ove naše ruke
isprepletene riječima

FROM THE OTHER WORLD

you take my word
I take your hand

oh how my hand
fell out of my head
how it stretched out

thinking with my palms
I see the touch
I can glance at
the inversion of mind

I can see myself
being stabbed
by the loud warmth
that you and I
came out of
from the other world
from the place where
our hands came
entangled in words

U DVORIŠTU

imam naviku živjeti
uvjerena da ću zaboraviti
kako te mogu naći
na dnu jutra
među raspakiranim knjigama
još uvijek spremna
prepoznati ulomak
u kojem se čitav jezik
želi približiti udaljenoj mučnini
uzimajući iz nje
uhodanu misao
kako je ljudskije
odrasti zajedno
u dvorištu
u kojem se poružnjela starost
odvaja od pameti
pa ide toliko daleko
koliko joj treba
da još luđe bude
starija i starija

IN THE YARD

I am used to living
in the confidence of forgetting
that I can find you
at the bottom of the morning
among unpacked books
still ready
to recognize the fragment
where all of language
strives closer to the remote qualm
taking from it
the practiced thought
that it is more human
to grow up together
in the yard
where uglier old age
parts with reason
going as far
as it needs
in rising madness
to be ever older

RIJEČI KOJE NEDOSTAJU

među nama
postoji nešto
konačno
što uznemiruje
kao sloboda koja je
u vlastitoj budućnosti
neslobodna
svatko tko provodi život
sa samim sobom
znat će
da se Pandorina kutija prodaje
kao i riječi
što nam i sada nedostaju
nemamo gdje
osim u nas
ali što
ako ne postojimo
zauvijek

THE MISSING WORDS

between us
there is something
finite
unnerving
like freedom
with a future
of being unfree
anyone living
with themselves
will know
that Pandora's box is on sale
like the words
that we are still missing
no place for us
except inside
but what if
we do not exist
forever

PRIZNANJE

predosjećam
da ću napisati pjesmu
kojom ću izdati strpljenje

ne čujem dalje od tebe
i stalno se ponavljam

dopusti mi
da ne znam
kako ne trpiš ponavljanja
jer jedino tako mogu ostati dovoljno zbunjena
a ja pišem kad sam zbunjena

mogu ponovno pisati
kao žena koja je preživjela
vlastito priznanje
koje je objesila za papir
nakon što se školovala
za polaganje ljubavi
a ti priznaj
bar jednom
kako predosjećaš
da ti pišem

CONFESSION

I have a feeling
that I will write a poem
wearing out patience

I can't hear further than you
and I keep repeating myself

let me
be unaware
that you can't stand repeating
or I won't be confused enough
and I write when I'm confused

I can write again
as a woman who lived through
her own confession
that she hung on a piece of paper
after getting an education
to graduate in love
and you should admit
at least once
that you have a feeling
that I am writing to you

DRAGI KANDINSKY

u nikada potpuno
pojmljivom trenutku
u kojem prerana smrt
šestarom sudbine
pokušava zaokružiti
bespovratan zagrljaj
samo mi možemo doživjeti ono
što nitko nikada nije
i besplatno pomisliti
kako je senzibilnost elastična
glatko je to nebo
što nas prati
umočeno u dah
dragi Kandinsky
a kako samo ljudski može biti
pustiti ga
da se kroz nas prelomi
kao ruka
odbjeglih jahača
izletjelih iz sedla
pa
zar ti nisi rekao
kako kružnica
proizvodi najveću mirnoću
i predstavlja ljudsku dušu

DEAR KANDINSKY

in the never quite
conceivable moment
when an early death
tries to circle
an irrevocable embrace
with the compass of destiny
only we can experience
what nobody ever has
and think for free
that sensibility is elastic
it is a smooth sky
that follows us
dipped in breath
dear Kandinsky
but it can be so human
to let it
refract through us
like the hand
of runaway riders
thrown out of their saddles
in fact
wasn't it you who said
that the circle
generates supreme serenity
and represents man's soul

JEDAN NA JEDAN

hajde
nek ostanemo
nek samo stanemo nijemi
i nek nam ništa ne mogu nesretne riječi
nek izgovaramo prisustvo
nek se dovoljno možemo
pomicati i vraćati
kao pregršt svjetlosti i mraka
što razabire buđenje

pa umjesto objašnjavanja
utisnimo oštrinu
kojom se oblikuje tijelo
preko kojeg
i u kojem
i oko kojeg
prelaze valovi
iz nebeske kutije
iz koje nastaju magijski trikovi
hoćemo li nas dvoje
vjerovati jedno drugome
jedan u drugoga
jedan na jedan

ONE ON ONE

come
let us stay
let us just halt in silence
impervious to unhappy words
let us pronounce presence
let us be able enough
to move and return
as a handful of light and darkness
that makes out an awakening

so instead of explaining
let us impress the sharpness
forming the body
as above it
and inside it
and all around it
waves overflow
from the heavenly box
where magic tricks come from
will the two of us
believe each other
believe in each other
one on one

SADA ILI NIKADA

nikada nećeš dočekati
površinu ljubavi
ravnalom izmjeriti dužinu
njezinih stranica
urednim milimetrima
ucrtati likove odgovarajućih naziva

dođi zvijezdo
zarij krakove
kao praživotinja
i osjeti
nezaustavljiv otisak nesanice
što svijetli kao bol
kojom se žrtvuje obična noć
potrošenih krikova

pjesmo
vrati mi pero

dosta je više hereze
u kojoj kukuriču odbjegli jezici

jutros ću probuditi svoju svetost
kojom ću pronaći rijeku
gdje voda blagoslivlja
geometriju posrnulih likova
ispod površine
naših istina

NOW OR NEVER

you will never get to see
the surface of love
or take a ruler
to its sides
with neat millimeters
drawing appropriately-named characters

come star
thrust your arms
like a protozoan
and feel
the relentless stamp of insomnia
that glows like pain
sacrificing the ordinary night
of spent screams

poem
give me back my pen

enough with the heresy
crowing with runaway tongues

this morning I shall awaken my holiness
to find the river
where water blesses
the geometry of lapsed characters
under the surface
of our truths

PIŠITE

pišite mi
pazeći na moju
neuvjerljivu sigurnost
ispričajte mi
kako uzimate bojicu
kako bojate papir
i kako vam drhti slušalica
dok gutate boju
njihova nepodnošljiva glasa

javite mi
kako vas više
ne sputavaju godine
prijeko potrebne
kako biste još hinili
vašu potrebu za pićem
koja prisluškuje
vašu neizvedivu savršenost
slobodno mi predajte
prizive vaše savjesti
što vam neslušljivo proturječi

pišite mi
kako između obroka
osjećate glad
zbog koje vam se lomi želudac

WRITE

write to me
but mind
my unconvincing assurance
tell me
how you take the crayon
how you color the paper
and how your receiver trembles
while you swallow the color
of their insufferable voice

let me know
that you are no longer
shackled by years
which are essential
so you can still affect
your need for a drink
that is eavesdropping on
your unfeasible perfection
feel free to hand me over
the objections of your conscience
as it stridently contradicts you

write to me
about the hunger you feel
between the meals
breaking your stomach

vi nešto o sebi znate
sigurno
počnite se čuditi
mojoj namjeri
da vas upoznam
iako smo po pitanju svega
toliko različiti
a možda ipak i nismo toliko
kao što jedan
i drugi
sada mislimo

you know things about yourselves
I am sure
start wondering
about my intention
to get to know you
though in every respect
we are so different
or maybe not so much after all
as one
and the other
thinks now

E-BARBARA

ako mi želite poslati poruku
pošaljite je na e-Barbara
Barbara je žensko ime
za čovjeka koji pamti amneziju

kako može biti besmisleno
slušati toliko vrsta riječi
a bolje razumjeti zaborav
tehniku oprosta
kojim tijelo ovlada
u biću
kad ga gleda izvana

ne čini me smrt žalosnom
već svjetovi koje nikada nisam imala

e-Barbara
ne činiš se ni čovjekom
dok te se ne sjetim

E-BARBARA

when you have a message for me
send it to e-Barbara
Barbara is a woman's name
for someone who remembers amnesia

how futile it can be to listen
to so many parts of speech
but be more familiar with oblivion
with the forgiveness technique
mastered by the body
in being
when it looks from the outside

I am saddened not by death
but by the worlds I never had

e-Barbara
you do not even seem human
until I remember you

IZNENADILA SAM SE

svako si jutro
raznosim pisma
i zato imam sandučić
jer imam kuću
a ako imam kuću
onda u njoj stanujem
ispisujem adresu

kako se zovu oni koji imaju kuću

kuća plus jedan čovjek
daju broj

kuća
čovjek
broj
adresa
ponovim

mogu li se uopće više iznenaditi
ako se iznenadim
počet ću osjećati
zato sebi stalno pišem pisma

čekaj
jesi li ti to smislio ono što ja nisam
prije mene

sad sam se iznenadila

I AM SURPRISED

each morning
I deliver mail to myself
the reason I have a mailbox
is that I have a house
and if I have a house
then I live in it
let me write the address

what do you call those with a house

a house plus one man
equals a number

a house
a man
a number
an address
one more time

can I even be surprised anymore
if I am surprised
I will start to feel
so I keep writing letters to myself

wait
did you just think up what I did not
before me

now I am surprised

BESKRAJ

imala sam
imala sam neposvećene divljine
i gusti glas izbijen mišlju
a u žici oko
u putu prizor
jurećih obrisa
dodirom okićeno tijelo
i nagu želju odjevenu u smisao
kojom se pamti
beskraj

INFINITY

I used to have
I used to have unhallowed wilds
and a dense voice struck out by thought
inside the wire an eye
inside the path a scene
of rushing shapes
a touch-adorned body
and a nude wish dressed in sense
to remember
infinity

GEJZIR

ovo je mjesto
u kojem se prekida
povorka prethodnih nijemih slučajnosti

ovo je otvoreno mjesto
iz kojeg prska spoznaja
iz čije duše dopire
odgovor na lutajuća pitanja

na ovom mjestu
iznad zemlje stojim
i peče me kap
što suzom zovem
i zaglušuje me vrisak
što tijelom zovem

iz zemlje izleti mjesto
što prolazi kroz mene
rušeći polako
svu moju zakopanu žeđ

THE GEYSER

this is the place
the march of earlier mute coincidences
was interrupted here

this is the open place
gushing with insights
and its soul emanates
the answer to floating questions

in this place
above ground I stand
burned by the drop
I call tear
deafened by the scream
I call body

a place bursts out of the ground
and goes through me
taking down slowly
all my buried thirst

ISKAŠLJAVANJE

kako ćemo iz
ovog utorka
razvezati naše brodove
zabaviti vodu
kotrljajući naša iskašljavanja
ako bar malo
ne postanemo budućnost osmijeha
što skakuće
jedan drugome
za drugog
drugom
u trbuh
vodena podzemlja
ponovit ćemo
ruke
ponovit ćemo
prsti
uzet ćemo
prorez na nebu
kroz njega ćemo skočiti
odvrnuti
spokojnu prazninu
predajući joj
molekulu naše krvi

COUGHS

from out of
this Tuesday
how will we unmoor our ships
entertain the water
while rolling our coughs
unless we try a little bit
to be the future of smiles
capering
one to another
for another
into another's
belly
aquatic underworlds
let us repeat
hands
let us repeat
fingers
let us take
a rift in the sky
we will jump through it
unscrew
the serene void
by giving it
a molecule of our blood

MOGLO BI SE REĆI

tri sata
a moglo bi se reći
i puno duže
rastu cvjetovi
mravi komuniciraju
more se pjeni

tri sata
a moglo bi se reći
i puno duže
prebacujem
množinu u jedninu
kako bih bolje vidjela
svijet

moje oči ne mogu stići
preko
moje su oči bezizlazne
moje oči
tri sata
a moglo bi se reći
i puno duže
slučajno stoje
uz ove ruke
uz ove noge
ako je svijet slučajan
s čime se ja nisam složila
a i neću

ONE COULD ARGUE

for three hours
or one could argue
longer still
flowers grow
ants communicate
the sea froths

for three hours
or one could argue
longer still
I transpose
the plural into the singular
better to see
the world

my eyes cannot get
across
my eyes are a dead end
for three hours
or one could argue
longer still
my eyes
are paired by accident
with these arms
with these legs
if the world is an accident
which I never agreed with
and never will

PRETVARANJE

pretvori se pokrivač u oblak
a oblak u korist
čovjek se i dalje
vrti u krevetu
čas umoran
čas topao
čas hladan
misleći kako se probudio

od oblaka ga obuze strah
pa se on stisnuo
a oblak raširio

i neće otići

i neće otići
kad ga se pogledom pogodi
i kad se stalno
u njega gleda

CONVERSION

the blanket turns into a cloud
and the cloud into a gain
the man still turns
in bed
now too tired
now too hot
now too cold
thinking he is awake

the cloud frightens him
so he shrinks
and the cloud grows

and it won't go away

and it won't go away when
it is glanced at
or stared at
constantly

NA DAN D

trebamo nekoga
tko će nama vladati
rekao je gospodin S
gospođi P
uzimajući njezine brojeve

za to su vrijeme
neki ljudi
jeli hodali trčali gubili vikali pili
a drugi pisali o tome kako zašto i gdje

neki pas
i dalje nije mislio kako se treba glasati
pa je pticu učio lajati
a ta je ptica bila
dovoljno slobodna
pa nije odletjela

vi vidite mislite i čujete
ono u što hoćete vjerovati
i znajte ja sam kraljica
rekla je gospođa Z
gospodinu H
koji je bio isti Lav Nikolajevič Tolstoj
ako baš hoćete vjerovati
onaj
čijim je predcima
Petar Veliki dodijelio titulu grofa

ON D-DAY

we need someone
to rule over us
said Mr. S
to Mrs. P
taking her measurements

meanwhile
some people were
eating walking running losing shouting drinking
and others were writing on how why and where

a dog
still unaware of what noises should be made
was teaching a bird how to bark
and the bird was
free enough
not to fly away

you see think and hear
what you want to believe
and I'll have you know that I am a queen
said Mrs. Z
to Mr. H
who was the spitting image of Leo Tolstoy
 if you can believe that
the one
whose forefathers
were made counts by Peter the Great

ako u nešto ne vjerujete i ako to ne vidite
tome nećete nikada ni dati glas
pa ćete i dalje vladati samo sobom
nastavi gospođa Z

i jež se od svega toga naježio

if you don't believe something and don't see it
you will never vote for it either
so you will keep ruling over yourself only
continued Mrs. Z

all this gave goosebumps to a goose

PRIVIĐENJE

na koga sam danas
toliko uporna
kad vam i dalje
želim ispričati ono
čemu nisam zapamtila
ni početak
ni kraj
izgovori
samoumiruća Jana
pa naglo proguta
još nekoliko prosvjetiteljskih rečenica
koje su izlazile iz usta
križanih vilenjaka

besmisao željenog
postojano će Jana
podupirući sumnju

a onda joj se učini
kako više ne živi u vremenu
u kojem postoji
početak i kraj
i neobvezujuće ispriča
nešto o svijetu
u kojem križani vilenjaci
nikada nisu bili

APPARITION

who do I take after today
in my obstinacy
to keep trying
to tell you what
I cannot recall
the beginning
or the end of
says
self-dying Jane
and suddenly swallows
a few more enlightening phrases
leaving the mouths
of hybrid elves

the futility of the desired
says Jane adamantly
fueling suspicion

and now it seems to her
that she no longer lives
in a time
with a beginning and an end
so she casually says
something about a world
that never had
hybrid elves

POGLED

kao što sokol oblijeće
i zariva kljun u bačeno meso
tako mrak ukliješti
bespomoćan kostur
pa izgubi vjeru u hodanje

a sva snaga i dalje ostaje
u pogledu
što se vere po granama
u kojima otkucava
radost rađanja

THE GAZE

like the falcon swooping
and plunging its beak into thrown meat
darkness pins down
the helpless skeleton
taking away its will to walk

but all the strength still remains
in the gaze
that climbs branches
throbbing with
the joy of birth

PREDVIĐANJE

ovaj svijet
što me već iznevjerio
ne poričem
pa kao da će ičemu pomoći
priznajem
kako bih se mogla uvrijediti
ako ništa više
od mene ne bude raslo

sva sam se od zemlje naselila
u ovu dušu
iz koje bih mogla izjedriti
ako budem nalik mornaru
što u predskazanje
osluškuje jarbol
za kojeg se hvata
gravidna kretnja
u kojoj će se proslaviti voda
što će ga odnijeti
u ničiju zemlju
iz koje će proklijati
sedefasta sloboda

FOREBODING

I will not deny
this world
that already let me down
as if that would help anything
I admit
that I might be offended
if nothing more
grows out of me

made of earth I settled
in this soul
that I could sail out of
if I become like a sailor
who in foreboding
listens to the mast
he is clinging to:
a pregnant gesture
glorifying the water
that will take him away
to no man's land
where pearly freedom
will sprout

LJUBIMCI

Dorina ljubimica
čiji kućni ljubimac
nije tragao
za punašnim guskama
kupila je bundu od samura
a ne od perja

kad bi se pretvarala da spava
bila je tamo gdje
nitko nikada nije bio
u skladištu vlastitih želja

oduševljena
ushićena
uvjerljiva
prodavala bi
želju po želju Dori
koja ni danas o tome ništa ne zna
kao što ni ne zna
da živi u kutiji
a da kutija živi u ormaru
a da ormar
čuvaju samuraji
koje netko čuva
kao i Doru
i njezinu ljubimicu
vjerovali ili ne

netko je nekad ipak lud

PETS

Dora's pet
whose pet
did not search for
plump geese
bought a sable coat
no feathers inside

when she pretended to sleep
she was in the place
where no one had ever been
in the storeroom of her desires

delighted
ecstatic
convincing
she would sell
piecemeal desires to Dora
who is still oblivious of that
but also of the fact
that she is living in a box
which is living in a wardrobe
which is guarded by samurai
who are guarded in turn
by someone
who guards Dora
and her pet
believe it or not

sometimes one is crazy after all

MISLI ŠTO HOĆEŠ

moliš
u neprirodnoj veličini
zaboravljaš pitanja
ne prepoznaješ
vlastiti automatizam

trebaš se obući
uobličiti haljinu
i onda kada stvari imaju svrhu
i kada nemaju smisao
jer smisao tek može početi postojati
tamo gdje počinje dostojanstvo

misli što hoćeš
kao što i svi misle što hoće
jednom će ionako svi doći k sebi
ako se prije toga
sami ne pojedu

THINK WHAT YOU WILL

you pray
not quite life-sized
you forget questions
you do not recognize
your own automatism

you should get dressed
shape a dress
and when things have a purpose
and no sense
because sense can come to be
only where dignity starts

think what you will
everyone else does
they will all come to their senses some day anyway
if they don't
devour themselves first

POKLOPAC

sve mi se činilo puno
porušene prašine
ispod razgrnuta plafona
što se zalijepila za dno

obesposlile su me
jedna poruka za drugom

daj Bože
da mi češće padne na pamet
ući u sobu tiha sedefa
i mirisna satena
pa kružnim pokretom
uhvatiti nepobitnu
besmrtnu ljepotu

THE LID

under the pulled-open ceiling
everything seemed full
of toppled dust
clinging to the bottom

I was idled
by one message after another

God willing
I may remember more often
to enter a room of quiet mother-of-pearl
and fragrant satin
and seize the irrefutable
immortal beauty
with a single circular motion

SVIM MOJIM PRIJATELJIMA

prijatelji moji
svi ste mi vi mogli prigovoriti
ovu moju naglu narav
kojom sam nastrijelila svijet
pun pojmova
nedoraslih sloju mistična vjerovanja
a to
što ja nekad izgledam
kao dama
kao dijete
kao luđakinja
kao kažnjenik
kao ratnik
samo su razmaci
u mojoj utvrđenoj osjetljivosti
trebalo je dobro pročistiti
neznanu nam istinu
i spoznati
kako je iskustvo bliskosti
naum nutrine
kojom se može učvrstiti
neprospavana polovica
ostavljenih nadanja

TO ALL MY FRIENDS

my friends
you could all reproach me
for my quick temper
that shot the world
full of notions
unequal to the patina of mystic belief
as for me
if I happen to look
like a lady
like a child
like a madwoman
like a convict
like a warrior
these are just intervals
in my bastioned sensitivity
there was a need to purify
the truth we ignored
and come to understand
that the experience of closeness
is the gut's intent
that can fortify
the sleepless half
of forlorn hopes

AFEKTIRANJE

puštam kosu
i ona raste
i nokte
i oni rastu
puštam pjesmu
što sebe unapređuje slušanjem
pa i ona raste

mislim da je puštanje sloboda
i ona raste
kad je puštam

i nekad pretjerujem

i pretjeram kad mislim
da kosa
nokti
pjesma
sloboda
pripadaju meni

naučili su me
da ono što nekom pripada
treba zaustavljati
jer sve što previše raste
postaje afektiranje
i to nekome može smetati
i izgledati neprirodno

AFFECTATION

I leave my hair be
and it grows
I leave my nails be
they grow too
I leave a song on
a song that self-improves by listening
and it grows too

I think this is freedom
which grows too
when I leave it be

and sometimes I go too far

I go too far when I think
that hair
nails
song
freedom
belong to me

I was taught
that what belongs to someone
ought to be stopped
since whatever grows too much
becomes affectation
and might bother people
and look unnatural

AKO VEĆ PAZIŠ

poslat ću ti medvjediće
a ti nauči nešto i od mene
dobre poklone ne treba zamatati

lako čovjek izgubi vrijeme
a teško izdrži besmisao

ako već paziš
spremi škare u ladicu
i papir
i celofan
sačuvaj im oštrinu

vidiš
kako je noć napuhala nebo
i sad po njemu klize kola
velikog i malog medvjeda

ali ako ti ne voliš medvjediće
ja sam onda u nečemu pogriješila

SINCE YOU DECIDED TO TAKE CARE

I am going to send you teddy bears
and you could learn from me too
good presents need not be wrapped

it is easy to waste time
and hard to put up with absurdity

since you decided to take care
put the scissors into the drawer
and the paper
and the cellophane
keep them sharp

see
how the night has bloated the sky
with its gliding chariots
of the Great and Little Bear

but if you don't like teddy bears
I must have made a mistake somewhere

NITKO NEĆE STATI UMJESTO TEBE

boluješ li od metamorfoze
jer kao da ne želiš probuditi
ovaj kraj
svojom postojanošću
idi ljudska svijesti
lako ćeš briznuti u daljinu
dočekujući sebe u prizoru napredovanja
ako si već obnevidjela
a što li ćeš vidjeti
kad neće biti onoga
što je tražilo tvoje prisustvo
hoćeš li moći razumjeti tada
jezik bića
jezik šume
jezik vode
jezik vatre
koji nisi naučila
što ako je život samo jedna misao
oprostiti sebi
kako bi mogao drugima
a oprostiti
znači govoriti
jezikom stvaranja
hoćeš li onda znati tko si

NOBODY WILL STOP INSTEAD OF YOU

are you afflicted with metamorphosis
since you seem reluctant to wake up
this land
with your constancy
go human mind
you will easily burst into the void
welcoming yourself in a scene of progress
if you are already blinded
but what will you see when
what sought your presence
is not there
will you be able to understand
the language of beings
the language of forest
the language of water
the language of fire
which you never learned
what if life is a single thought
forgive oneself
to be able to forgive others
and forgiving
means speaking
the language of creation
will you know who you are then

JOŠ NEŠTO

gdje to miriše gardenija
pa jasmin
pa ljiljan
pa jagoda

izlaze oči
pa ga traže
a miris poskakuje
i čas ga ima
i čas ga nema

može li biti
da ga je netko posadio u meni

čujem ga kako viče
vode
a u vodi
rastočena slova
dijelovi mirisa
i još neki miris
raščetvoren
i zamalo suha voda

ONE MORE THING

what is this fragrance of gardenia
and jasmine
and lily
and strawberry

eyes come out
looking for it
but the fragrance hops around
now you feel it
now you don't

could it be
that someone planted it inside me

I hear it yelling
water
and in the water
dissolved letters
fragrance fragments
and another fragrance
quartered
and the water is almost dry

EPPUR SI MUOVE

što se ja imam paziti ljudi
kad svaka sumnjičavost postaje uteg postojanja

ljudi su ionako kao bolest
od koje se liječiš čitav život

ali
nikada nije dovoljno biti bolestan
treba tu još nešto
treba uključiti aparate
netko će to nazvati tehnikom
drugi anđelima
ti to možeš nazvati tijelom

pokaži mi snagu
i uvjeri me
kako si prešao granicu
kako postaješ kotač
govoreći
eppur si muove!
netko uvijek izgubi život zbog toga

EPPUR SI MUOVE

why should I be wary around people
when each suspicion becomes an existential weight

well people are like a condition
that you never get well from

however
being ill is never enough
more is needed
machines must be plugged in
someone calls it technology
others angels
you can call it the body

show me strength
convince me
that you have crossed the line
that you are turning into a wheel
saying
eppur si muove!
someone always pays for it with their life

POKUŠAJ

zamisli
što sve netko može činiti
dok ima prednost nad objektivnom stvarnosti
u korist pokušaja

ljudi obično vjeruju
u ono što može narasti
što može biti
bolje
više
veće

zamisli da od toliko ljudi
ti ne moraš očitavati
plagirane testove poremećena rasta
neophodne u odnosu na dob
u kojem fizički pogled
ne uključuje
visinu i težinu možebitna napretka

zamisli
da neusklađeno postojiš
kako ne bi mogao prežaliti
što nisi povjerovao u modrice slabosti
u kojima je pečaćena ljepota prestala rasti
zato što više nije imala kome

THE ATTEMPT

imagine
all that can be done
with an advantage over objective reality
in favor of the attempt

people usually believe
in what can grow
what can be
better
taller
bigger

imagine that you alone
do not have to check
plagiarized tests of deranged growth
which are a must for the age
where physical appearance
does not include
the height and weight of possible progress

imagine
that you exist in disharmony
you would never get over
not believing in bruises of weakness
where sealed beauty stopped growing
as there was no one to grow for

IMA LI HITCHCOCK NOĆNE MORE

DOES HITCHCOCK HAVE NIGHTMARES

ATLANTIDA

nestaje svijet
prijem
halo
ovdje baza
prijem
izvucite nas
prijem
prijem

došao je u plavu prsluku
zaustavio more
kad je već bilo kasno
a ispalo je
da je postojao slikar
koji nije želio dovršiti
sliku idiota
sliku milijarde idiota
koji su tražili medalju
što drugima bljeska u oči

tako oslijepi jednoga
pa drugoga
pa trećega

i sve to naljuti more
i more dozva Njega
koji je oduvijek znao

ATLANTIS

world disappearing
over
come in
this is base
over
get us out
over
over

he came in a blue jacket
stopped the sea
much too late
and it turned out
there was a painter
who would not finish
the painting of an idiot
of a billion idiots
looking for a medal
that dazzled others

one was blinded
then another
then another

and the sea was enraged
and the sea called Him
who always knew

kako naum
može biti opasan
kad se čovjeku
objesi za dušu

i danas se priča
kako Atlantida posta naum
a more Dolina plača

how a scheme
can be dangerous
when it clings
to a man's soul

they still tell the tale
of how Atlantis became a scheme
and the sea a Valley of Tears

SKLONITE SE

tlo u tlocrtu tuče
i upija vodu

homo sapiens ustaje
prolazi
pred kraj
lijepi sive tepihe betona
sive flastere po ukopanim žilama
valja brdo
gura ga u srce
što se sa žicama spaja

majmuni su progovorili
i glasno viču
sklonite se, dolazi homo superbus!

TAKE SHELTER

the soil throbs in the ground plan
and absorbs water

a homo sapiens gets up
passes by
and before the end
glues gray carpets of concrete
gray patches over buried veins
rolls the hill
pushes it into the heart
by wires connected

monkeys speak
and shout loudly
take shelter, here comes homo superbus!

CRNA KUTIJA

pretpostavljaju
razabiranjem
kružeći iznad glave
u sustavu za motrenje
kroz slušalice

sve mjere
u meteorološkim uvjetima

a kada su poželjeli razumjeti
počeli su izdavati dimenzionalne potvrde

guraju čovjeka u čovjeka
čovjeka u vrijeme

i tvrde
pridodaju
nadodaju
više
manje

što žele potvrditi
pitala se savjest
iz crne kutije

THE BLACK BOX

they assume
by discerning
circling overhead
in the monitoring system
through headphones

measuring all
within meteorological conditions

and when they wished to understand
they began to issue dimensional certificates

pushing man into man
man into time

and claiming
adding up
adding on
more
less

what do they want to confirm
conscience wondered
from the black box

MIT

obratite pozornost
u što vjerujete
zaustio je zluradi mitolog
izvirući iz veličanstvenih vijesti

u tom su se trenutku
Konfucije, Goethe i Platon
nakašljali

mrzim one koju lukavost smatraju mudrošću
promrmljao je u djeliću sekunde govornik
ogromnom brzinom sagradio nekoliko arena
dodatno razmaknuo starinu
i zasadio nekoliko cvjetova pored jezera
pa istegao grlo govoreći
pijeska
još pijeska

mi vjerno zahvaljujemo na svemu
što ste nam omogućili
za bolje sagledavanje onoga što nam se događa
objavio je MIT - Massachusetts Institute of Technology

Henrik VIII. zamalo se prekrižio
u palači Placentia
tik do Greenwicha
kao treće dijete Henrika VII.

MYTH

pay attention to
what you believe in
said the mean mythologist
emerging from magnificent news

at that moment
Confucius, Goethe and Plato
cleared their throats

I hate those who take cunning for wisdom
the speaker muttered in a split second
as he built several arenas at tremendous speed
pulled apart antiquity some more
and planted a few flowers by a lake
stretching his throat to say
sand
more sand

we loyally thank you for all
that you provided us with
for a better understanding of what is happening to us
announced MIT

Henry VIII almost crossed himself
at the Palace of Placentia
next door to Greenwich
as the third child of Henry VII

djece i još djece
vikali su u koloni
gubeći zaruke
svijet je pun šume za njih
sve ćemo ih obući u areni
na scenskom prostoru
kružnog ili polukružnog tipa

arene
arene
pijeska
ponavljali su još stari Latini

i tada su svi dali krv na analizu

children more children
they shouted in the procession
losing the engagements
the world is full of forests for them
we will dress them all in the arena
on a scene
of circular or semicircular kind

arenas
arenas
more sand
chanted ancient Romans over and over

and they all gave blood to be analyzed

PIRAMIDA

ostavili su ih
kao deve na snijegu
u karavani
bijelih pahulja
što su prekrile pješčanike

oni
viši od zmija
čije hladno tijelo i sad
zbunjuje mungose

pa su im gurnuli
brda u usta

a oni
oni u šatorima
tim trokutastim piramidama
blagoslivljaju ropstvo
onako tamni
puno tamniji
od i jednog crnog trgovca
na Ponte Rossu

THE PYRAMID

they were left
like camels in snow
in a caravan
of fluffy whiteness
covering sandboxes

they
taller than snakes
whose cold bodies are still
a marvel to mongooses

so they had hills
shoved into their mouths

and those
those in tents
triangular pyramids
are blessing slavery
dark as they are
much darker
than any black merchant
on Ponte Rosso

OKO ZA OKO

Ahab je izgubio more
ali i dalje traži bijelog kita

brkati čovjek
zna biti teže probavljiv
od brkatog soma
ustvrdi Lucija
uzgajajući
vlastitu ljepotu
u kozmetičkom salonu
pa strpljivo nastavi
kako su sve želje odraz
pustog neimanja

u nekom se mrijestilištu
i sada tiho mrijeste
riblje i ljudsko oko
i gleda jedno u drugo

hoće li izvući mučninu
ili nešto od čega će se i samo iznenaditi

EYE FOR AN EYE

Ahab has lost the sea
but is still looking for the white whale

a mustached man
can be harder to digest
than a mustached catfish
said Lucia
cultivating
her beauty
in a beauty salon
then patiently went on
about all desires being a reflection
of a desolate lack

quietly hatching
in a hatchery even now
a fish eye and a man eye
are looking at each other

will they bring out nausea
or even a surprise to themselves

REPOVI

pobrinite se
da vaš život izroni iz gomile
začuo bi fantomski cinik
mahnito radeći u kasnim večernjim satima
a kada bi
uredno posložio
električne crtice
iz njegove magličaste
pete dimenzije
stisnuo bi
POŠALJI

njemu je kravata
iskakala češće oko vrata
nego što bi gušteru iskakao
novi rep

s druge je strane
sjedio Jean-Paul Sartre
s glavom među zvijezdama
i nadahnuto govorio
Pakao, to su drugi

u plamenu je pisalo
kada vam izvade jezik
za njim uvijek ostaju repovi

LOOSE ENDS

make sure
your life stands out in the crowd
this would be heard by a phantom cynic
frantically working late hours
and once he
neatly arranges
electric dashes
from his misty
fifth dimension
he would press
SEND

his tie popped
round his neck more often
than new tails
pop from a lizard

on the other side
sat Jean-Paul Sartre
with his head among the stars
and spoke inspiredly
Hell is other people

it was written in flames
when your tongue is pulled out
it always leaves loose ends

CITIRAJUĆI ALFREDA

kada počinje primopredaja emocija
izgovori davatelj
očekujući primatelja
pod emocionalnim stresom
napisao sam 4987 ljubavnih pjesama
podosta misaonih
i popriličan broj hipertrofiranih stihova
nudeći svu svoju vrhunaravnu osjetljivost
istegao sam dušu do krajnjih granica
povlačio paralele
sa svim sitnim detaljima
neobarokne vizualizacije
koju bi prepoznao
i sam Omar Calabrese
da se u skorašnje vrijeme
nije bavio jezikom slikarstva
koristio sam se svim uputama
za viteštvo ne znajući
kome više pripada ova moja ljubav
što me učinila
toliko laskavim i proturječnim
citiram A. Hitchcocka
prikazujem život sa izbačenim
dosadnim dijelovima
samo kako bih mogao dovršiti pjesmu
koja nikada ne prestaje
drhteći zbog odgovora
draga moja Tesa, Iva ili Ema

QUOTING ALFRED

when does the transfer of emotions begin
says the sender
as he waits for the recipient
under emotional stress
I've written 4987 love poems he says
quite a few reflective ones
and a considerable number of hypertrophied verses
offering all of my transcendent sensibility
I stretched my soul to its utmost limits
I drew parallels
with all the tiny details
of neo-baroque visuals
that would be recognized
by Omar Calabrese himself
if recently
he hadn't turned to the language of painting
I followed all the instructions
of chivalry not knowing
who should rather own my love
that made me
so flattering and contradictory
I quote A. Hitchcock
I portray life with boring parts
cut out
only to be able to finish the poem
that never ends
trembling before the reply
my dear Tessa, Ivy, or Emma

BUNILO

tako sporo mislim
dok ljubav zamišljam

nije moja sreća
to što se usuđujem hrabriti svetcima
već
okrznuto bunilo
zbog kojeg se i sad ljutim
i oduzimam dan
čitavom svijetu
bez kojeg ne bih bila
toliko ničija
kao i ovo sunce
što je samo svoje
pa se stalno vraća
u najmanjoj manjini

a pita li se sunce
tko će njega grijati
i ljuti li se
ljuti

DELIRIUM

I think so slowly
when picturing love

daring to get encouraged by saints
is not my good fortune
but
chipped delirium
that still makes me mad
and deny the day
to the whole world
if not for it I wouldn't be
nobody's own so much
just like this sun
which is only its own
and keeps coming back
in the tiniest minority

and does the sun wonder
who else will keep it warm
and does it get mad
does it ever

PARNI STROJ

parni ljudi
u parovima
u parnom stroju
pretvaraju
vodenu paru
u mehanički rad
ispod cilindara
ubrizgavajući intimno
predanost
u koljenasto vratilo

znoje se
od zabrinutosti
što im propuhuje
jednolični
sterilni
malograđanski
boravak na otvorenom

ukucaš li im zvuk
otkotrljat će se po poljima
povući Trnoružicu za vretenom
i presjeći joj želju za princem
što bi svaki čas
iz kolopleta
mogao izletjeti
pa joj se zaplesti oko nogu
poput raspoložena udava

THE STEAM ENGINE

steam people
in a steam engine
are esteemed
to convert
water vapor
into mechanical work
under the cylinders
intimately injecting
devotion
into the crankshaft

they sweat
with worry
that blows through their
monotonous
sterile
petty bourgeois
outing

if you input the sound
they'll roll over the fields
pulling on Sleeping Beauty at the spindle
cutting her desire for the prince
who could shoot out
of the tangle
any minute now
and wrap around her legs
like a chipper boa constrictor

a što bi na to sve
onda rekao čovjek
kojem nije do samoće
nego se pobuniti
zaustaviti vrtnju
suludih misli
govoreći kako je sve nesporazum
istrgnut iz uma
što mehanički udara
u isto mjesto
klanjajući se
dosadi

but what about one who
does not care for solitude
what would he say then
if not rebel
stop the spinning
of insane thoughts
say it's all a misunderstanding
torn out of a mind
mechanically hitting
the same spot
bowing to
boredom

KAMEN

on bi
malo govorio
pa puno govorio
pazeći na to svoje
kao da
da je imao dovoljno snage pamtiti
kad bi ga obuzimao um
ono otvoreno priviđenje

zašto se samo našao u industrijskoj proizvodnji
spojiv s rezultatima međupostojanja

zar je mogao imati osjećaj

zar je mogao imati osjećaj
da će netko smisliti
kako se svjetlo gasi
ili je samo progutao zvijezde
i tako postao čovjekom

a čovjek govori po prorocima
i uzima kamen
ako je vjerovati

a u kamenu ništa ljudsko
a u ljudima sve kameno
izgovori Andrić

i što će sad s njim

A STONE

he would
speak little
and then a lot
taking care of his own
as if he had enough
strength to remember
how the mind overwhelmed him
that clear delusion

why did he even take up industrial production
in keeping with the results of inter-existence

could he have felt

could he have felt
that someone would think of
how to turn off the light
or did he just swallow the stars
and become a man that way

and man speaks through prophets
and takes a stone
if this is to be believed

nothing human in stone
everything stony in humans
said Andrić

so what will he do with it

206 KOSTIJU NE TRAŽI PAKAO

Ljubavi što si se od mene odvojila
još te razabirem
u telefonima zajapurenih Snovovića
što su zaboravili navinuti buđenje
odlažući spokoj
tko li sam no slabost
što se tobom hrani
počinjem se bojati
mačaka i pasa
na onim istim mjestima
na kojima sam se bojala
ljudskih riječi
što bi se za mene vezivale
tražeći anatomiju
punu mesa i kostiju
rečenico
ne sastojiš se ti od sebe same
primi me
izusti me
izvuci me
nek te razumiju
svi oni što mi postaju savjest
ni ovih 206 kostiju
bez mene ne može nikuda
kao ni bez tebe
stanimo jedna u drugu
anatomski
nek nam ne bude lažno
tražit ćemo onu našu ljubav

206 BONES NOT LOOKING FOR HELL

oh Love that parted from me
I can still make you out
in the phones of flushed O'Dreamers
who forgot to set up the alarm
postponing serenity
who am I but weakness
that feeds on you
I am starting to fear
cats and dogs
in the same places
where I used to fear
human words
that would cling to me
looking for anatomy
full of flesh and bones
oh sentence
do you not consist of yourself
take me
utter me
pull me out
be understood
by all those who become my conscience
not even these 206 bones
can go anywhere without me
nor without you
let us get one inside the other
anatomically
let us not feel false
we will be looking for that love of ours

ČOVJEKU KOJEMU SU U LOGORU IZVADILI ZUBE, ALI NE I DUŠU

kad ni Bog sam
ne bi nosio Pradu
kapala je jesen
pucali su ljudski mozgovi
kao čaše
noževi sijevali
ovce brojale krvna zrnca
a profesor Begi napisao
da ga ječam ne zanima
kada je Hadžija otišao u Finsku
bez mobitela
kad su Božu nalupali pred Jabukom
pa je uz spaljenu kuću dobio i bakteriju
kad su mu provukli cjevčicu
pored napuklih zjenica
kada Gavran nije bio samo ptica
nego Jopin brat koji je ostao ležati
nepokopan u onoj vučjoj šumi
kada je Prijedor već zaboravljao
onoga jednog odraslog dječaka
kojemu su iščupali zube
ali ne i dušu
kada je Kizo smišljao ime benda
Kamo sutra
tamo
usred Zagreba

TO THE MAN WHO HAD HIS TEETH, BUT NOT HIS SOUL, PULLED OUT IN THE CAMP

when not even God
would wear Prada
autumn was dripping
human brains were breaking
like glasses
knives were flashing
sheep were counting blood cells
and the Professor wrote to Bego
that he was not interested in barley
when Hadžija went to Finland
with no cell phone
when Božo was beaten in front of the disco
so he got bacteria along with the burned house
when they pulled a tube
along his cracked pupils
when Raven was not just a bird
but Jopa's brother who was left
to lie unburied in that wolf forest
when the town of Prijedor was already forgetting
that one mature boy
who had his teeth
but not his soul pulled out
when Kizo came up with the band's name
Where Tomorrow
there
in the middle of Zagreb

one jesenske noći
kad smo se svi zajedno ponapijali
pjevajući
rat je svinjarija teška
nisam ni slutila
da će mi taj svinjski crni krvavi rat
dati nešto toliko vrijedno
da će mi poslati čovjeka
s najčišćom dušom
koji nikada nikoga nije mogao i znao mrziti
čovjeka kojemu su u logoru
iščupali sve zube
ali dušu nikad

that autumn night
when we all got drunk together
singing
war is a hell of a mess
I could not imagine
that the hellish black bloody war
was going to give me something so valuable
that it would send me a man
with the purest soul
who never would or could hate anyone
a man from the camp
where they pulled out all his teeth
but never his soul

GLINA

postojanjem
si me vezao
improvizirao iskustvo
nazvao ga intimom
i smiono
preobrazio glinu
što propušta dodir

a mene
mene ništa nisi pitao

zašto osjećam
mrtvu vodu
što se suši u meni
u posudi
u posudi omotanoj
plastičnom folijom neba

CLAY

you used existence
to tie me up
improvised experience
called it intimacy
and boldly
transformed clay
which lets the touch through

and me
you didn't ask me anything

why do I feel
dead water
drying inside me
in a bowl
sealed
with the plastic wrap of the sky

SLUČAJNOST

osoba koju možda poznajem
sakrila se iznad vrata
i otpuzala meni u želudac
u kojem su ležale napukle naočale
koje sam jedva prežalila
kad je netko na njih stao

i to ću nazvati slučajnošću
koja je pokrenula nezgodnu svakodnevnicu

uvijek mi je bilo neobično
imati nešto strano u sebi
što me počinje kopati
gledati iznutra
pa sam se teško mogla ponašati
kao da tamo ničega nema

može li se uopće obaviti razgovor
s nekim tko još nije naučio govoriti
viknula sam preko veze
koju sam uspostavljala sa sobom

sutra bih mogla novim naočalama
sebe vidjeti iznad vrata
ako se dobro poznajem
jer slučajnosti ipak nisu slučajne

COINCIDENCE

a person I might know
hid above the door
and crawled into my stomach
next to my cracked glasses
which took a lot to get over
when they were stepped on

and I shall call it a coincidence
which set in motion a daily awkwardness

I always found it strange
to have something foreign inside me
which starts digging
looking from the inside
so I could hardly act
as if there was nothing there

can there be any conversation
with someone who has not learned to speak
I shouted over the connection
I was setting up with myself

tomorrow I might see myself above the door
with my new glasses on
if I know myself well
because coincidences are not coincidental after all

IDENTITET

Martina odjeća
u smetenoj sobi svakodnevnih sitnica
bila je puna
njenih natpisa u stihovima
i tako zanosna

ovih se dana spuštala
dodirom i tijelom
objašnjavajući dolazak mesnate jeseni

njen bi pokret
produbio šum
među uplašenim česticama
kojima je nedostajala osobnost
pa je vrtjela tijelo
kao kalendar

ponekad bi zaokružila praznik
nekim šalom
umjesto zastave
jer zastave pripadaju državama
a ona se od država znoji

IDENTITY

Martha's clothes
in the embarrassed room of everyday trifles
were full
of her inscriptions in verses
and so enchanting

these days she was coming down
with her touch and body
explaining the arrival of fleshy fall

her movement
would deepen the noise
among frightened particles
which were lacking personality
so she would turn her body
like a calendar

sometimes she would mark a holiday
with a scarf
instead of a flag
because flags belong to countries
and countries make her sweat

POŠTAR

spakirao sam ženu
dobro joj nategnuo kosu
slomio nekoliko kostiju viška
i njima spojio prostor
genijalne praktičnosti
zalijepio je s nekoliko šamara
osjećao ponos
kako dolazi iz pravca
kontrolirana slaganja konopa

sad sam imao paket

svaki pravi muškarac
uvijek mora ljude iznenaditi
ponavljao sam znajući
kako ću sve usrećiti i smiriti
kad ih iznenadim i poklonim
nju
njene bijele zube
njenu skraćenu kosu
njeno izmjereno tijelo
njen spori um

jer poštari dolaze
nekad i dvaput
kao i sreća
u komadima

THE POSTMAN

I packed the woman
I pulled her hair well
broke the few surplus bones
and used them to bind the space
of practical genius
I glued her with a few slaps
felt pride
coming from the direction
of controlled rope stacking

and now I had a package

a real man
must always surprise people
I repeated knowing
that I would make everyone happy and calm
when I surprise them by giving them
her
her white teeth
her shortened hair
her measured body
her slow mind

because postmen come
twice sometimes
just like happiness
in pieces

KVAKA 22

ne pretjeruj
s borbenim zadatcima
otpuštam ventil u grlu i izgovaram Grob

dok govorim Grob
otvaram zemlju
pa je iznova zatvaram

bol postaje opasnost
kojom se može okusiti
vlastito tijelo

svirala je uspavanka

moj je stric umro
s dvadeset i dvije

i dalje se čuju trube

kad konačno otvorim kvaku 22
proći ću kroz zemlju

CATCH-22

do not overdo
combat missions
I release my throat valve and pronounce Grave

as I pronounce Grave
I open up the earth
and close it again

pain becomes danger
that helps me taste
my own body

a lullaby was playing

my uncle died
at twenty-two

trumpets can still be heard

when I finally open catch-22
I will pass through the soil

ROKOVO

popila sam tabletu za tlak
danas je Rokovo
stari ne može dolje
janjetina bi sigurno imala
drugačiji smisao
da je možemo jesti zajedno
ispred babine kuće
gdje livade gutaju ličku krivnju
iznad koje šprica kiša
o kojoj sad razmišljam
osjetljiva sam kao obično
sjećam se svih pasa
koje je baba imala
samo se ne želim sjetiti psa
koji mi je napao starog
jer ako ga se sjetim
gledat ću kako pada na asfalt
i kako mu izlazi bol na uši dok šuti
a ja ću morati povratiti janjetinu
popila sam tabletu za tlak
danas je Rokovo

SAINT ROCH'S DAY

I took a blood pressure pill
today is Saint Roch's Day
dad cannot get down here
lamb would certainly have
a different meaning
if we could eat it together
in front of grandma's house
where meadows swallow the guilt of Lika
below the spraying rain
which I am thinking about now
I am sensitive as usual
I remember all the dogs
grandma had
I just don't want to remember the dog
that attacked dad
because if I remember it
I will watch him fall on the asphalt
and see pain coming out of his ears in silence
and I will have to vomit lamb
I took a blood pressure pill
today is Saint Roch's Day

KAO DA JE IMA

možeš li ne misliti
na to više
ponavljala je
u samo tri metra
zračne udaljenosti od muhe
dok je bila ispunjena upitnicima
koji su se rojili u letu
i dok su joj noge visjele ispod struka

zar ne postoji mir
uzviknula je mušičavo
kao da je ima
i kao da će učiniti
nešto

AS IF SHE WERE AROUND

can you not think
about that anymore
she repeated
at just three meters
of flying distance from the fly
while full of question marks
which were swarming in flight
with her legs hanging below waist

is there no peace
she exclaimed whimsically
as if she were around
and about to do
something

LOGOPEDIJA

vidiš
pužu put
doznačava gibanje
a kvačice na slovima stoje
kao osigurači

ako koja iskoči
mogli bismo mu čuti
kuću kako kuca

danas su me čuli
kako izgovaram bomba
umjesto plomba
tamo negdje ravno
između crta
na putu
gdje se događaju promašaji

SPEECH THERAPY

see
the path
confers motion to the snail
and letters are placed within words
like fuses

if some of them blow
we could have
mail instead of the snail

they heard me today
pronounce bomb
instead of mom
somewhere straight ahead
between the lines
on the path
where mistakes are made

NEŠTO JE BILO

oprosti mi za grijeh
u inat hladnoći
koje se najviše bojim
kao i ti
pa se uhvati za pravo
koje je dobila divljina
što poznaje mehaniku vrane

ni vrana vrani
nikad ne kopa oči
i vrana je vrani stvorena
na sliku i priliku
da se u njoj prepoznaje
kao što se i budućnost prepoznaje
u beskonačno krivim brojevima
iz kojih se vidi
da je nešto bilo

hoćemo li brojati
ti meni
i ja tebi

SOMETHING HAPPENED

forgive me my sin
defying the cold
of which I am so afraid
just like you
and hold on to the right
given to the wilderness
that knows the mechanics of the crow

not even a crow
will rip out the eyes of another crow
and a crow was made in
the image and likeness of another crow
to recognize itself in it
just as the future is recognized
in infinitely wrong numbers
which show
that something happened

shall we count now
you to me
and me to you

SPORIJI OD SVJETLOSTI

nije to od zaluđenosti
više
ni od ironije
koja ne popušta
sve je to od krvi
praživotinjo moja
koju smo nanjušili
u svojim laboratorijima
vidiš li ove biljke
te
crvotočine bez krvi
što ne mogu sniti
kapi vlastitih zjenica
to su naše rupe u savjesti
svemislećeg svemira
kroz koje naši krvavi koraci
propadaju
dok putuju postajući
svjetlost

SLOWER THAN LIGHT

it is not the delusions
anymore
nor irony
which is not letting up
it is all because of blood
my dear protozoan
which we sniffed out
in our laboratories
can you see these plants
here
these bloodless wormholes
which cannot dream
drops of their own pupils
they are our holes in the conscience
of the all-thinking universe
where our bloody steps
fall through
as they travel becoming
light

BITI

neobično je
to što sam ja
i što se ja spaja

ja i druga strana

neobično je
kako se ja seli u moj
i kako ja uvijek znači drugo
kao i odnosi
ja i moj
moj i naš
naš i vaš
i njihov

neobično je
s koliko se povjerenja
možemo spojiti
i uskratiti slobodu
i trpjeti sadašnjost
a i dalje biti

TO BE

how strange
that I am
and that I connects

I and the other side

how strange
that I moves into mine
and I always means something else
just like relationships
I and my
my and ours
ours and yours
and theirs

strange
how confidently
we can connect
and deny freedom
and suffer the present
and still be

ISKRE

ne usudim se pomisliti
kako sam se od ove
pretrpane stvarine ispraznila

ispred očiju oblaci
a u oblacima
dim

dišući se pitam
kada sam postala starija
od ovih mojih očiju

kamo je otišao
miris bagrema
koji sam vidjela
u cvatu

sve kroz vatru proći mora
kako bi gorjelo
a ovo što topće
pred očima
i pod nosom
su iskre
koje se još nisu zapalile

i netko je zapalio sunce

SPARKS

I dare not think
how this glutted reality
emptied me

clouds in front of my eyes
and in the clouds
smoke

breathing I ask myself
when did I get older
than these eyes of mine

where has it gone
that smell of acacia
which I saw
in bloom

everything must go
through fire to burn
and this thudding
in front of my eyes
and under my nose
are sparks
which have not caught fire yet

and someone put the sun on fire

NE PADA MI NA PAMET

pogled se topi
u ustima
jezik izgovara logiku mesa

pokušavam izbjeći sarkazam
kako ne bih pomislila
da je Bog možda ipak
vegetarijanac

pa sam kupila parfem
kako bih mirisala poput ruže

i ja sam jednom nanjušila psa
koji se grize
i bio je tako nemiran
kao i moj pogled položen
u umiruće lijesove
letećih mirisa

ali ni jedan miris
nema logike

što nam se to sviđa

a kako samo miriše smrt

I WOULDN'T DREAM OF THAT

the gaze melts
in the mouth
the tongue utters the logic of the flesh

I am trying to avoid sarcasm
in order not to think
that God just might be
vegetarian

so I bought a perfume
to smell like a rose

and I sniffed a dog once
as it was biting itself
and it was so restless
like my gaze resting
in dying coffins
of flying odors

but not a single scent
is logical

what do we like about that

nothing like the scent of death

NI RAT NI MIR

bacio mi je mrak u oči
proučio moje letimične kretnje
bez dokumenata prelazio
moje granice tolerancije
i kao pred izbore
oštrio glas
pun pive

ja nisam čitala Tolstoja
da bih bila nezadovoljna drugima
ali redovito naletim
na svoju Sofiju Andrejevnu
koja me pokušava cenzurirati

očito starim
i dalje
s nešto mira
i ponešto rata
vjerno opisujući
svoje nestručno vodstvo
mada još nisam sigurna
može li se to
i nazvati junaštvom

NEITHER WAR NOR PEACE

he threw darkness into my eyes
studied my fleeting movements
and illegally crossed the borders
of my tolerance
and like a pre-election candidate
sharpened
his beer-soaked voice

I did not read Tolstoy
to be dissatisfied with others
but I keep bumping into
versions of Sofia Andreyevna
who are trying to censor me

I am clearly getting older
still
with some peace
and some war
faithfully describing
my unprofessional leadership
though I am not sure yet
whether that can be
called heroism

O TEMPORA, O MORES

čekala sam
da te vidim
čekala sam
da me vidiš
na poslu
na cesti
kući
ispred tanjura
čekala sam te na tisuću općih mjesta
kao tisuću anadiploza
ispod jezika
da ti dođem do grla
kao isječak iz disanja
jeli smo
zapise hrane
noževima spajali
pandemiju ispucale materije
s našim ustima
sve zbog sitosti
koja i dalje stoji razlomljena
kao dah
čuješ li
samo vrijeme stalno diše
ako u njega vjerujemo
o tempora, o mores
jeli smo
naše vrijeme
vidiš li to

O TEMPORA, O MORES

I was waiting
to see you
I was waiting
for you to see me
at work
on the road
at home
in front of the plate
I waited for you in a thousand commonplaces
like a thousand anadiploses
under the tongue
to get to your throat
like an excerpt of breathing
we ate
food records
used knives to combine
a pandemic of cracked matter
with our mouths
all because of satiety
which still stands broken
like breath
can you hear that
only time breathes all the time
if we believe in it
o tempora, o mores
we ate
our time
can you see that

U DUBINU

sat me probudio
ali ne vjerujem da je sat
ja sam ga navila
on me poslušao
kao što sam ga i ja poslušala
i naslutila da ću ustati
pa nepromišljeno silaziti
u dubinu
u dubinu
jer samo lagani odlaze u visinu
u prozirnu visinu

a meni treba zemlja
ja sam teška
kao što je i ova zemlja teška
kao što je i ovaj sat težak
što se čuje
ovaj sat
duboka navijena rana
od koje ne mogu pobjeći
ako je dobro čujem
i zato moram
u dubinu
u dubinu

INTO THE DEEP

the alarm woke me up
but I do not believe it was the alarm
I set it
it obeyed me
as I obeyed it
and felt that I would get up
and recklessly descend
into the depth
into the depth
since only the light ones can go up high
into the transparent heights

but I need the earth
I am heavy
heavy like this earth
heavy like this alarm
that I hear
the alarm
a deep wound wound
that I cannot escape from
if I can hear it well
so I must go
into the depth
into the depth

VOLJA

očekuješ motiv
a za sve je potrebna
volja

beznačajnost zna biti zamorna

ono što čini razliku
u reviji praznih objava
premjesti
ili popij

utroba boli kad je prazna

jer ako ti nećeš
koji metar tebe
ostat će uravnoteženo rasterećen
od možebitne kapi

sjećaš se kako izgleda
kad povraćaš prazninu

WILL

you expect a motive
but everything needs
will

insignificance can be tedious

what makes a difference
in the parade of empty broadcasts
should be moved
or drunk by you

the gut hurts when it is empty

because if you won't
a meter or so of you
will remain uniformly unburdened
with a possible stroke

remember what it looks like
when you vomit the void

NIKUD MI SE NE ŽURI

moram još čuti
kako mi nije stalo
samo do mene same
i kako mogu utrljati sjemenke
u cvjetove stabljika
i još povjerovati
da je netko mislio na mene
kad mi je dao koru mozga
i krila što oko nje lete

davno je stablo zbunilo čovjeka
i ptice što su čekale pismo
kad se još nije znalo
što se sve može dogoditi
kad nitko ništa ne razumije

i nikud mi se ne žuri

zato iz ovog stupa svezana
slušam vraga
kako razgovara kroz žicu
i prekida me
i smije se
i zna koliko mi to smeta

a meni se ipak
nikud ne žuri
jer ptice lete
a ne govore nakon svega

I'M IN NO HURRY

I am yet to hear
that I do not care
just about myself
and that I can rub seeds
into the flowers of the stems
and yet to believe
that someone was thinking of me
when he gave me the cerebral cortex
and the wings flying around it

long ago tree confused man
and birds waiting for a letter
when it was still unknown
what might happen
when no one understands anything

and I am in no hurry

therefore from this pillar bound
I listen to the devil
talking through the wire
and interrupting me
and laughing
knowing how much it dismays me

and still I am
in no hurry
because birds fly
and do not speak after all

KAD ODEM

hrvatski nisam naučila
od mrava
dobila sam protezu za glasanje

kad izgovaram riječi
izgledam kao oronuo vojnik
s grbom na leđima
i grbom na prsima
ne znajući ni kome pripada
ova moja uniforma

ako budem pisala oporuku
glasit će
ne morate govoriti kao Hrvati
govorite zemaljski
tješiteljski

i dijelite kuću
s ljudskim dušama
i nahranite ih
djeco
da ja u tuđini
mogu mirno spavati
ispod zborova mrava
u mrtvoj košulji
u ničijoj zemlji

vi mi samo zasadite cvijet
pa ga pomirišite kad ste tužne

WHEN I AM GONE

I did not learn Croatian
from ants
I got a prosthesis for vocalization

when I utter words
I look like a decrepit soldier
with a hump on his back
and a coat of arms on his chest
not even knowing for whom I wear
this uniform of mine

if I ever write a will
it will say
no need for you to speak like the Croats
just speak earthly
comfortingly

and share your house
with human souls
and feed them
do it children
so I can sleep peacefully
in a foreign land
under choruses of ants
in a dead shirt
in no man's land

just plant a flower for me
and smell it when you are sad

DUG

moram se
nagoditi sa svijetom
raspodijeliti
neuvjerljive zaplete
isključivo
a ne uključivo

što li sam nego onostranost

preda mnom
udaljenost iskače
kao penkala

a kako se penkala gasi
kad za riječi ne nalazi postojanje
i čeka

nadživjet ću ženu
pa više neću nositi
vlastito rublje
koje vadim iz kutije
kao noćnu moru

prestat ću plaćati

jednom sam postala Božji dug
a ja bar dobro znam
da svaki dug
najduže traje

THE DEBT

I have to make a deal
with the world
distribute
unconvincing plots
all exclusive
not all inclusive

what am I but otherworldliness

in front of me
distance pops up
like a pen

and how do you turn off a pen
when it finds no existence for words
and waits

I will outlive the woman
and stop wearing
my own laundry
which I take out of a box
like a nightmare

I will stop paying

once I became God's debt
and I should know
every debt
lasts the longest

NA RASPRODAJI

ona izgovori riječ
kao da je pala s Marsa
i riječ posta zamka
može li misao uopće i biti bez riječi
nastavi biće
upadajući u krizu identiteta
rajski čisto
na momente
ali mu se ubrzo ukaza Joyce
ne govoreći o naciji
već o tome kako je bolje proći ćelav
kroz taj drugi svijet
u punoj slavi neke strasti
nego iščeznuti
i uvenuti tužno s godinama
a tko je uopće Joyce
i zašto on ovo nije mogao prešutjeti
i zašto je on ili netko pomislio
kako bi ovo trebalo objaviti
nastavi ona kao čitatelj i kao žena
pomišljajući na sebe
kao na metaforu čovjeka
čije riječi postaju zamke
u kojima život nije slobodan
jer sva sloboda ostaje samo u šutnji
a svaka je šutnja uvijek samo čežnja
a kad čovjek o čežnji razmišlja
čini li to uopće riječima

ON SALE

she uttered the word
as if clueless
and the word became a trap
can a thought be wordless at all
continued the being
plunging into an identity crisis
heavenly pure
at times
but soon it saw Joyce
not talking about the nation
but about the advantages of going bald
through that other world
in the full glory of a passion
than disappearing
and dismally withering with age
and who is Joyce after all
and couldn't he keep it to himself
and why did he or anyone else think
that this should be published
she continued as a reader and a woman
thinking of herself
as the metaphor of a man
whose words become traps
where life is not free
since all freedom remains only in silence
and every silence is just a longing
and when people think about longing
do they use words at all

PJESNIK

unesi tekst za izgovor
zaustio je tehnološki
pa je nastavio
tekst treba napisati
kako bi ga drugi mogli izgovarati
i tada se počovječio
a kad se netko počovječi
srce mu se raspukne
od toliko samoće

A POET

input the text for pronunciation
he mouthed technologically
and continued
the text should be written
so that others can pronounce it
and then he was humanized
and when someone is humanized
their heart bursts
from so much solitude

NE ZNAŠ

recitacija ide s koljena na koljeno
ne daj Bože lisici snagu lava
pa da ne obavi tajni posao

Fred McDowell
crnačkim glasom probija bravu
you gotta move

otvori
ti srce otvori
zavija strastveni pjesnik
ne znaš da mi je pjesma puna mene
da si mi jelo
da bih te ogulio
iscijedio
zvučno sažvakao

ti ne znaš da sam seljak
koji cipele veže svilom

o draga
opstajemo jer mudro lažemo
jer smo dvojnici nomada
ime između dva naraštaja
američka puška
mi smo Colt's Manufacturing

o dear deer
you gotta move

YOU DO NOT KNOW

the recital goes from generation to generation
God forbid fox should have lion's strength
and not complete its secret mission

Fred McDowell
picks the lock with his black voice
you gotta move

open
open your heart
howls a passionate poet
you ignore that my poem is full of me
that you are my meal
that I would peel you off
squeeze out
chew noisily

you ignore I'm a peasant
who ties shoes with silk

oh darling
we survive because we lie wisely
because we are the doubles of nomads
a name between two generations
an American rifle
we are Colt's Manufacturing

oh dear deer
you gotta move

CRNILO SIPE

o kakav li je to samo detalj
kleknuti
onesposobiti ponos
izmjeriti vlastitu težinu
prije i nakon
ovakvoga događanja
životinjice moje sićušne
za koga kleknuti
za što kleknuti
pred kime kleknuti
pitate me nagonski
draga sipo
koliko ti je još ostalo crnila
sva je voda u tebi
kako li ćeš išta izbaciti
da je matematika teška
mi bismo bili brojevi

CUTTLEFISH INK

oh what a detail it is
to kneel down
disable pride
measure one's own weight
before and after
such an event
my tiny animals
kneel for whom
kneel for what
kneel before whom
you ask me instinctively
my dear cuttlefish
how much ink do you have left
all the water is inside you
how are you going to eject anything
if mathematics was difficult
we would be numbers

SVAŠTA

nekome tako dobro pristaje pamet
pa je dobije
nekome tako dobro pristaje ljubav
pa je isto dobije
slučajno
povezao bi um

svašta
vikao je zec
bježeći od pameti i ljubavi
u šumu

pojurila bih sad za njim
da smo isti
plaho će srna
mamili bismo lovce zajedno
u šumi

koliko hrabrosti stoji iza nišana
koliko hrabrosti stoji ispred nišana
živo će pobjednik
bez da ikome išta objašnjava
u šumi

pravda postaje oružje
kojim ubijamo sebe sami
govorio je jedan čovjek

NONSENSE

reason becomes some
so they get it
love becomes some
so they get it
accidentally
joining the mind

nonsense
shouted the hare
fleeing from reason and love
into the woods

I would chase after him now
if we were the same
the doe said timidly
we would lure hunters together
in the woods

how much courage behind the sights
how much courage before the sights
the winner said lively
without doing any explaining
in the woods

justice becomes a weapon
to kill ourselves
a man said

i ja se slučajno nisam pomirio
i zato sam slučajno hrabar
i jaukne od rane
kao cvijet
kao srna
kao zec
kao neprijatelj
bešumno

it so happens I don't conciliate
it so happens it makes me brave
and he moaned from the wound
like a flower
like a doe
like a hare
like an enemy
silently

IKAROV TEČAJ LETENJA

ICARUS' FLYING COURSE

LET

ni avioni je nisu sprječavali da gleda s visoka

nakon uvođenja kontrole leta
i dalje je hodala
na isti način
bez ZTS-a
zrakoplovno-tehničkog sustava

pala je na zemlju
nosila pojas za spašavanje
ostala živa

dizajnirana
kao da odlazi na sastanak
duboko razmišlja
ne smije se
bez prestanka nosi
patuljastu dušu
koju naziva torbom

život je manipulacija
molekulama zraka
let je borba
protiv gravitacije
zrak je moj najveći prijatelj
govorila bi
i zato se sva napuhala
i samo je pitanje
kad će poletjeti

FLIGHT

the planes could not stop her looking down upon

flight control was introduced
but she still walked
the same way
with no AS
no aircraft systems

she fell to earth
with a life ring
and survived

designed
to be off to a meeting
she ponders
never laughs
keeps carrying
a dwarf soul
she calls a bag

life is manipulation
of air molecules
flight is fight
against gravity
air is my best friend
she'd say
and she has become so inflated
it is only a matter
of when she takes flight

EPRUVETA

imam livadu
i temu
i žuti kišobran
u trećem licu jednine
u slučaju da se ne pojavi sunce

i strpljivo čekam promjenu

a i danas sam
epruveta
u kojoj se izvodi reakcija
mokrim putevima

TEST TUBE

I have a meadow
and a topic
and a yellow umbrella
in third person singular
just in case the sun does not show up

and I am patiently waiting for a change

and even today I am
a test tube
holding a reaction
using wet paths

IMPULS

ulaskom u automobil nije svezao ego
misleći kako neće biti zbog toga kažnjen

bodljikavo zimzeleno očekivanje
ubadalo mu je bore
vezane postulatom prirode
i to ga je tjeralo naprijed

i dalje se nije snalazio između
prirodnog
neprirodnog
i natprirodnog

priroda je kažu
sve ono što ga okružuje
a za sve nije imao dovoljno vremena
i zato je stalno kasnio
i te iste prirode je stalno bilo više od njega samoga
pa mu je vidno promicala

estetskom kirurgijom mogu se blokirati
živčani impulsi mišića
ponavljao bi tehnički
sve manje dostupan
sa sve manje impulsa
a priroda je i dalje govorila svoje
kako je impuls uvijek uzrok
svake promjene

AN IMPULSE

as he entered the car he didn't tie his ego
thinking he would not be punished

thorny evergreen expectation
stabbed his wrinkles
tied by the postulate of nature
which was pushing him forward

he still managed poorly
between the natural
the unnatural
and the supernatural

nature as they say
is everything around him
but he didn't have time for everything
so he was always late
there was always more of that nature than himself
so it was clearly overlooked

the nervous impulses of muscles
can be blocked by plastic surgery
he would repeat technically
less and less available
with less and less impulses
while nature kept saying its thing
that the impulse was always the cause
of every change

PUCAJ

slušaj
kako se lomi srce
Janis

izneseš neobičnu snagu
uvjeriš noge da je nose
ispružiš ruku
i zabodeš cvijet u pištolj
uvaljaš glavu u zrnca peludi
i zaspiš

a noge izvuku srce
što se trza ispod vrata
pa ga vuku sve dok ga ne razgaze

skupi bedra
Janis
ustani
izađi na barikade
čuješ li kako puca
bol

lagali su
Janis
kad su ti davali domovinu
kad su ti davali ključ
kad su ti davali vodu iz boce

SHOOT

listen
how the heart breaks
Janis

you bring forth unusual strength
persuade the legs to carry it
reach out
and stick a flower in the gun
roll your head in pollen
and fall asleep

and the legs pull out the heart
convulsing below the neck
and drag it until they break it in

squeeze your thighs together
Janis
stand up
get on the barricades
can you hear the shooting
of pain

they lied
Janis
when they gave you the homeland
when they gave you the key
when they gave you water from a bottle

kad su ti davali godine iz vječnosti
ustani Janis
stani na barikade
i brani se slobodom
iskoči iz prugastih hlača
što vode u zemlju
i pucaj od ljubavi
pucaj
ispred instituta
za razvoj tržišta rada
jer
nikad nije pogrešno voljeti
i slušaj Janis
and take another little piece of my heart
now baby

when they gave you years from eternity
stand up Janis
get on the barricades
and defend yourself with freedom
jump out of the striped pants
leading into the ground
and shoot out of love
shoot
in front of the institute
of labor market development
because it is never wrong
to love
and listen Janis
take another little piece of my heart
now baby

PADAJU

padaju
padaju
padaju ljudi
ispod stola ispod noža ispod žene
ispod nule
padaju na pamet na koljena na zemlju

treba ih skupiti
i njima popuniti mjesta

i treba staviti
rijeke u tijelo
i tijelo u tijelo
i tijelo u zemlju
i sve zatrpati
i nadati se

i kaže otac ocu
da jabuka ne pada daleko od stabla
i da je u stablu
Bog

FALLING

falling
falling
people falling
under the table under the knife under the woman
below zero
falling on hard times on their knees on the ground

one should gather them
and fill places with them

and put
rivers into body
and body into body
and body into ground
and bury it all
and hope

so a father says to a father
the apple does not fall far from the tree
and in the tree
there is God

HIMNA

poput svakog diktatora
budeš odgovoran za vlastitu pogibelj

pod tvojim zapovjedništvom
ustaju oblici pokrenute municije
iz mobiliziranoga metričkog rječnika
i boriš se
boriš
i ustaješ
uz himničke stihove
Mogu Li Ti Vjerovati

a napustiti zemlju
kojom vladaš
tako suvereno
ne odgovara samoći
koju si sebi darovao
kako bi mogao vladati
svim onim
što ti se davno
smučilo

ANTHEM

like every dictator
your peril is your doing

under your command
forms of activated ammunition get up
from a mobilized metric dictionary
and you fight
you fight
and stand up
to the anthem verses
Can I Trust You

but leaving the country
you rule
so absolutely
does not match the loneliness
you gave to yourself
so that you could rule
over all
that you grew disgusted with
long ago

KAKO SI

to što sada mogu
pustiti iz sebe
nije mudrost
već razletjeli um

uhvatim se kako saznajem
kako sam

pocrvenim od neznanja
bude mi neugodno
izvlačim se
učeći kako se što zove
i ono što saznam
nazovem prilikom

zar prilika nije uvijek
odabir
pa odabir je ono što i sad puštam iz sebe

naširoko sam obišla pamćenje
iz kojeg ću sad izletjeti
kao osjećaj
kojim ti klizim niz grlo

kako si ti

HOW ARE YOU

what I can
release from myself now
is not wisdom
but a burst mind

I catch myself finding out
how I am

I blush with ignorance
I get uncomfortable
I prevaricate
by learning the names of things
and what I find out
I call a chance

isn't a chance always
a choice
and a choice is what I am releasing from myself now

I have made a wide detour around memory
from which I am going to burst now
as a feeling
gliding down your throat

and how are you

IZNAD OČIJU

tko je od nas odabrao
ovu zadignutu prisutnost
u koju polažemo dah

opet prelijeće
preko nas
ono što nas nije dotaklo
i stvori se kao obrve
skupljajući znoj
iznad naših očiju
na koje padaju
pijane skice
anđeoskih slika

tko je od nas odabrao
da te trebam
nenadano
osjećajući da mi iz nosnica
izlaziš otisnut
kao krv na Veronikinu rupcu

i Biljana platno beleše
na ohridskite izvori
i jaukne voda
sva od stiha živa
pa kroz mene sad proteče
nenadano
nenadano

ABOVE THE EYES

who of us has chosen
this elevated presence
where we lay our breath

there it is again
flying above us
what did not touch us
and appears like eyebrows
collecting the sweat
above our eyes
that are rained upon
by drunken sketches
of angelic images

who of us has chosen
that I need you
unexpectedly
feeling you coming out
of my nostrils printed
like blood on the Veil of Veronica

and Biljana was bleaching linen
at a spring of the Ohrid Lake
and the water moaned
alive with verse
flowing through me
unexpectedly
unexpectedly

ČOVJEK U ČOVJEKU

zar još nisu izmislili
ništa pametnije od novca
pa su nas njime cijepili
da se ne razbolimo od silne ljubavi
jaukne Ana

a da nas samo pitaju gdje živimo
što bismo im rekli
nastavi
tražeći cipele
iz čista mira
kao da je imala put

navika je krepost za mudre
i idol za budale
iskoči Voltaire
i pobjegne
bez cipela

na sva pitanja
treba izmisliti odgovor
dovoljno jak
da u njega i sam povjeruješ
izleti Ana glasnije
na visokim petama
kao da kreće u školu
i kao da će još naučiti
da se čovjek
u čovjeku prepoznaje

THE MAN IN MAN

haven't they invented
anything smarter than money
they use it to vaccinate us
so we don't get sick from too much love
wails Anna

if only they asked us where we live
what would we tell them
she continues
searching for shoes
just because
as if she had a path

habit is a virtue for the wise
and an idol for fools
out jumps Voltaire
and runs away
without shoes

invent an answer
to every question
strong enough
that you believe it yourself
Anna shouts louder
in high heels
as if she was going to school
as if she was yet to learn
that one man
is recognized in another

DAN PLANETA ZEMLJE

izbijaju
strukture u tijelu
u osima naprezanja
u kliznim ravninama
što iz dva lomljiva oka svjetlosti padaju
na dvije srodne ruke
pored dva uvučena rebra
i dva izlučena bubrega
u dva razodjevena jajnika
iz kojih niče ikra zatečene milosti
iz koje će Ikar poletjeti
zagrijati topljive visine
i pasti u more
u pukotinu Ikarije
u koju će se vječno
skloniti od smrti

EARTH DAY

erupting
body structures
in axes of strain
in sliding planes
falling from two fragile eyes of light
on two kindred hands
by two retracted ribs
and two excreted kidneys
in two undressed ovaries
ichorous with found grace letting
Icarus fly up
heat up the melting heights
and fall down into the sea
into the crack of Icaria
forever
sheltered from death

FILANTROP

ja sam bila u krivu
kada je žena počela ulaziti u mene
bespovratno
i kad joj je Čehov javio
da treba svima vjerovati
inače se ne može živjeti

namjera
da mi se da Čehova u ruke
bila je ista
kao da me se odgoji

ja sam uzela Allena Ginsberga u ruke
i ponovila
opažanje je sve
što je zamjenjivo

THE PHILANTHROPIST

I was wrong when
the woman was getting inside me
irrevocably and when
Chekhov signaled her
to believe everyone
otherwise one cannot live

the intention
to put Chekhov into my hands
was the same
as to educate me

I took Allen Ginsberg in my hands
and repeated
perception is everything
that is interchangeable

JEDAN METAR OTPALIH KORAKA

sjeti se
blizu sam
ne prestajem biti blizu
neprestano prenosim
daljinu izvoru

dođi
napij se moje neugodne sebolilčnosti
okusi je
bit će ti poznata

smiješno je kako je naučiva
smiješno je
kako je možemo podnositi

misliš li da ćemo moći
prepraviti ovu daljinu
što se izgubila među nama
jezikom što se u metar pretvorio

ONE YARD OF DROPPED PACES

remember
I am close
I never stop being close
I keep carrying the distance
into the source

come
drink your fill of my unpleasant self-likeness
taste it
it will be familiar

funny how learnable it is
funny
how we can bear it

do you think we can
reshape the distance
lost between us
with a tongue turned into a yardstick

OPIJANJE

ja bih vas imao
ooo
koliko vrijedite izgovori prazno
zaviri u ženu
kao u bocu
pošteno naginjući muškost

kad popijete sve moje nedostatke
vidjet ćete kako ćete hodati
odgovori ona razvučeno
gaseći utvaru
što je naticala od traženja
spotičući se o kapitalizam

ja ću vas imati draga
tumačit ću svima kako vas imam
i bit ću bogat
pijano bogat

oni će vidjeti
kako sam volio luđački
jer sam vam posvetio
dvadeset tisuća pjesama
a tko se ne bi divio čovjeku
koji može toliko voljeti

i sada se nadam
da razumijete
kako vas već volim

INTOXICATION

ma'am I would have you
ohhh
how much are you worth he says emptily
peeking into the woman
as into a bottle
tipping masculinity proper like

when you have drunk all my flaws
you will see the way you walk
she replied drawling
extinguishing the apparition
which swelled from searching
as it stumbled over capitalism

I will have you my dear
I will explain to everyone how I have you
and I will be rich
drunk rich

they will see
how madly I loved
because I dedicated
twenty thousand poems to you
and who wouldn't admire a man
who can love so much

so now I hope
you understand
how I love you already

NA POČETKU ODLUKE

ostalo je samo
da od ponedjeljka
negdje stanete
i da se uhvatite za hranu
jer ništa vas i ne može bolje ispuniti
od pravoga jelovnika
milostivo će vodoinstalater
s višegodišnjim iskustvom

a gdje se vi to nalazite
upita ga čovjek u crnom odijelu
s nepodnošljivom lijenosti

trebam vas

na početku odluke
odgovara vodoinstalater krajnje neodlučno
i otpočne
kako je rođen da ga se treba
i još je jednom uroni i izroni iz vode
kršten
misleći da se tako spasio

AT THE BEGINNING OF A DECISION

all that remains
from Monday on
is for you to stop somewhere
and cling to food
in fact nothing can fulfill you better
than the right menu
graciously said the plumber
with years of experience

and where are you now
the man in the black suit asked him
with unbearable laziness

I need you

at the beginning of a decision
the plumber replied extremely hesitantly
and began to tell
how he was born to be needed
once again plunging in and out of water
baptized
thinking it saved him

INVERZIJA

golubovi i golubice moje
sve što u meni leti
više nije ljudsko
samo posloženi krugovi
mirisa
pogleda
dodira
što se skupljaju i šire

golubovi i golubice moje
vi
što ne čitate moje pismo
ponesite ga
nek s vama uzleti
nek se vrati
miris mirisu
pogled pogledu
dodir dodiru
pa nek bude čitav
da ova krv
što u meni kola
propliva
u visinama

INVERSION

dear pigeons and doves
all that flies inside me
is no longer human
just arranged circles
of smell
of sight
of touch
shrinking and spreading out

my dear pigeons and doves
you
who are not reading my letter
take it with you
let it fly away with you
let it return
smell to smell
sight to sight
touch to touch
let it be whole
so that the blood
flowing inside me
can swim
up high

CURRICULUM VITAE

koliko vrijedite
upitao me jedan
proaktivan činovnik

ne znam
odgovorila sam

kad sam bila trudna
vrijedila sam
trostruko

kad sam izgubila
sedam kila
dvostruko

kad sam razgovarala
s kolegicom s posla
rekla mi je kako malo vrijedim
kao profesor
a ja uopće i nisam profesor
samo su me testirali
i izdali diplomu

da su me testirali na tamburice
neki tamburaški sastav
bio bi uvrijeđen
saznavši

CURRICULUM VITAE

how much are you worth
I was asked
by a proactive clerk

I don't know
I responded

when I was pregnant
I was worth
three times more

when I lost
fifteen pounds
two times more

when I talked
to my coworker
she told me I was worth little
as a teacher
and I am not even a teacher
they just tested me
and gave me a degree

if they had tested me with banjoes
a banjo orchestra
would get offended
once it found out

koliko me taj zvuk smeta
jednom mi je neki gospodin
strašnim glasom
pet puta ponovio
kako sam dobra
i na kraju sam u to
i sama povjerovala
znači dobra sam

dobro

sada
ispunite tablicu
upitnik
pristupnicu
obrazac
sve svoje želje
i mi ćemo vam izdati CV
ako budemo zadovoljni
postat ćete naš član

how that sound offends me
a gentleman once
repeated to me five times
in his terrible voice
how good I was
and eventually
I believed it myself
well so I'm good

fine

now
fill in the table
the questionnaire
the application
the form
all your wishes
and we will issue a CV to you
if we are satisfied
you will become our member

GRČ

onda
kad si mislio da si dužan
izvadio bi novčanik
i platio
pa se navijenim načinom
mirio s gubitkom
ispuštajući narav
koja nije slučajna

a sve što si naučio do tada
kazivalo je
koliko si samo puta bio spreman
umišljati svoju pravednost

THE SPASM

at the time
when you believed to be in debt
you would pull out your wallet
and pay
and in this clockwork way
resign to the loss
releasing the temper
which is not accidental

but all you had learned till then
showed
that you were ready so many times
to imagine your own righteousness

INSTRUMENT

gdje to držite ruke
gospodine Borne
što određujete
svaki dan

ne želim vam smetati

na žalost
ničemu vam ne služim
dok se pripremate za nagradu
a kad dovršite posao
možda ćete primijetiti
kako je svaki čovjek instrument
kojim se dobro mjeri neodređenost

treba li pomaknuti
ovu ljubav
ovaj strah
ovu tugu
lijevo ili desno
što mislite
ili vas ne zanima
to što vas pitam
ili samo postoje drugi koji bi trebali odgovoriti

poznajemo li se
uopće
gospodine Borne
i je li to uopće i važno

AN INSTRUMENT

how are you using your hands
Mr Born
what are you determining
every day

I don't want to bother you

unfortunately
I am useless to you
while you are getting ready for a reward
and when you finish the job
you might notice
that every man is an instrument
well-suited for measuring indeterminacy

should this love
this fear
this sorrow
be shifted
left or right
what do you think
or do you have no interest
in my question
or is it just that others should reply

do we know each other
at all
Mr Born
and does it even matter

ARIJADNINA NIT

uči me stvarati dobro
kako bih pamtila dobro

ruke su mi otvorene
ruke su mi cijele otvorene
i riječi su mi otvorene
i riječi su mi cijele otvorene

prizivam niti
kojima ću svezati srce
da mi ne pobjegne
da mi se ne izgubi
ja Arijadna
očeva kći
koja će s nitima u ruci
moći izaći
iz sebe same
i slobodno lutati

jedino će joj tako
poći za rukom
da se uvijek vrati sebi
jer jedino tamo
može umrijeti
mirna
tamo pored svoga srca

ARIADNE'S THREAD

teach me how to create goodness
so I can remember goodness

my hands are open
my hands are open wide
and my words are open
and my words are open wide

I invoke threads
to tie my heart
so it does not run away
so it does not get lost
I Ariadne
my father's daughter
who holds threads in her hand
to be able to get out
of herself
and wander freely

it is the only way
she can manage
to always return to herself
because it is only there
she can die
in peace
there next to her heart

LOV

u hodniku su se čula zvona
pitanje je koliko su bila točna

kako je godinama pratio
moj motorički razvoj
pretpostavio je da ću doći

evo me
znala sam reći

on bi to jedva dočekao
pa me kao obično počeo uvjeravati

ja bih se tada najradije bacala na glavu
on bi pratio kako plivam
vidno spašen

tako smo nas dvoje učili

ja bih sebi često
za zadaću ponavljala
kako je učenje lov
a lov je najčešće spas

ali čini mi se kako sam čula
da se u ljubavi i lovu
najviše laže

HUNTING

there was a sound of bells in the hallway
it is unclear how accurate they were

since he had been monitoring
my motor development for years
he assumed I would come

here I am
I used to say

he could scarcely wait
so he would start persuading me as usual

I preferred to dive head-first
he would monitor my swimming
obviously saved

that is how the two of us were learning

I would often repeat to myself
as homework
that learning is hunting
and hunting is usually salvation

but I think I heard
that in love and hunting
people lie the most

NA DESET JEZIKA

s koliko godina
misliš dobiti moju ruku
u koju ćeš mi staviti čelo
da u ruci svetkujem
pogled na Gospodina
pa da na čelu imam vjeru
što će pobijediti
vode što ih vidjeh

pa da mi se na deset jezika
jednodušno izgovori obećanje
što sam dobila
rodivši se kao zvijer
sa srcem čovjeka
pa da se od mene čuje
kako se voli žena
kraljica zemaljska
anđeo što nosi sedam čaša

IN A DOZEN TONGUES

at what age
do you expect to win my hand
and place your forehead in it
so my hand can celebrate
the sight of the Lord
so my forehead can carry a faith
that will conquer
the waters I have seen

so I can hear a promise
spoken in a dozen tongues as one
which I received
born as a beast
with a man's heart
so it can be heard from me
how to love a woman
the queen of the earth
the angel carrying seven glasses

OBJAVA

danas jako dobro izgledate
hvala
i vi jako dobro izgledate
hvala
ali vi stvarno jako dobro izgledate
da i vi stvarno jako dobro izgledate

pa to gospodine nije moguće
kako ste to samo primijetili

dakle
ja se inače jako trudim primjećivati
i tada shvatim
i što se onda dogodi
i onda to dam do znanja
i
i tada netko bude u opasnosti
opasnosti
da
o pa vi tako pametno govorite gospodine
ah kako ste to samo sad primijetili draga gospođo
evo
ja sam sad zaista počela primjećivati
zahvaljujući vama

opasni ste gospođo tako opasni
poviče gospodin spretno
kao sastavni dio prirode
koja se upravo tada i objavljivala

A REVELATION

you look really well today
thank you
you look really well too
thank you
but you look really really well
yes and you look really really well too

sir this is incredible
the way you noticed that

as a matter of fact
I always do my best to notice
and then I realize
and what happens then
then I point it out
and
and then someone is in danger
in danger
yes
oh you speak so cleverly sir
ah how well you noticed that dear madam
there it is
I have really started noticing now
thanks to you

you are dangerous madam so dangerous
the gentleman aptly exclaimed
as an integral part of nature
that was revealing itself just then

ALI

ali
kad već nitko drugi
umjesto mene ne ustaje
moram i dalje gledati
koru
plašt
i jezgru
svačije Zemlje
pa osjetiti vlastitu koru
sazdanu od savršene sebičnosti

moram se teško
osloniti na nju
znajući dobro
da svaka manja sila bez oslonca
ne može savladati onu veću

onda ću moći gledati
veliku svjetlost
kako se lomi
u karnevalu maskiranih sjena
i gledati i samo gledati
kako se preslikava
neravna ljepota
u akvarelu varljiva oka

zašto sam uopće i mislila
da me itko drugi i može drugačije gledati

BUT

but
since no one else
will stand up instead of me
I will have to keep observing
the crust
the mantle
and the core
of everyone's Earth
and feel my own crust
crafted from perfect selfishness

I must rely
on it heavily
knowing well
that a smaller force cannot overcome
a bigger one without support

then I will be able to observe
the great light
refracting
in a carnival of masked shadows
and observe and only observe
how irregular beauty
is mirrored in the watercolors
of the deceptive eye

why did I ever think
that anyone could see me any differently

NISAM ZNALA

od čega si
tako zaboravna
utrljana u čežnju

od čega tako
nedovršeno blistaš
čelom okrenuta

od čega su te
zaboljela leđa
pa pucketaju

okreni se
kad ti sve dosadi
i dođi
izvaži mi zaborav
i samo reci
nisam znala

I DIDN'T KNOW

what makes
you so forgetful
rubbed into longing

what makes
you shine so incompletely
with your forehead turned

what makes
your back hurt
so it is cracking

turn around
when you get bored by it all
and come
weigh oblivion for me
and just say
I didn't know

PRED OVIM JEDNIM OKOM

oblikuj se riječi
da ti mogu prići
pred ovim jednim okom
što s drugim sraste
u obručju svjetlucava rudnika
da te dočekam

iskopaj me riječi
i propni me osedlanu
pa me nosi svom svojom
težinom

pa mi znači
poletjet ćemo
sve dok se na prvi pogled
ne zaljubim
u vlastitu smrt

BEFORE THIS SINGLE EYE

word shape yourself
so I can approach you
before this single eye
that merged with the other one
in the rings of a glittering mine
so I can greet you

word dig me out
and raise me saddled
and carry me with all
your weight

and mean to me
we will fly
until I fall
in love at first sight
with my own death

SLOBODA

kako je prozirno
pokazivati se pred ljudima
pomišljao bi tigar
dok je tri četvrtine njega
željelo postati čovjekom

život je džungla
od tisuću vrata

ova drva
što cvile u njima
treba maknuti
to su ludnice

bojiš se slobode
tigre
bojiš se slobode
u kojoj te nitko ne prepoznaje
osim tebe

a samo je ti
uvijek možeš sačuvati
i samo je ti
uvijek možeš vidjeti
tigre ili čovječe

FREEDOM

how transparent
to appear before people
a tiger would think
while three quarters of him
wanted to become a man

life is a jungle
with a thousand doors

these trees
moaning in them
should be removed
they are madhouses

you are afraid of freedom
tiger
you are afraid of freedom
where nobody recognizes you
except for you

and only you
can always preserve it
and only you
can always see it
tiger or man

PRIČAMO

kao da drva cijepaš
dok pričaš
ti usitnjavaš cjepanice
moj Šimune
pa se njima griješ
udarala bi Puškarova
da ni trepnula ne bi
misleći kako sve treba razlomiti
jer se veliki komadi drva
teško mogu zapaliti
bez onoga sitnog iverja

sva su pitanja udarci
znaš li ti to Šimune
ti što ti ime znači
on je čuo

a čuo si
da se od šume
ne vidi drvo
a u drvu se ne vidi iver
i iver se u drvu sav izgubi

pitat ću te nešto
a ti odgovori
a kad te pitam
vidjet ću koliko se možeš razlomiti
i onda ću znati
koliko se nas dvoje ugrijati možemo

WE TALK

it is like you were chopping wood
while you talk
you chop logs
dear Simon
and warm yourself with them
Pushkarova would strike
without batting an eyelash
intent on breaking it all down
because large pieces of wood
are hard to burn
without those tiny splinters

all questions are punches
do you know it Simon
you whose name means
he heard

and you heard
that you can't see the tree
for the forest
and can't see the splinter for the tree
and the splinter gets lost in the tree

I'll ask you something
and you answer
and when I ask you
I'll see how much you can break down
and then I will know
how much the two of us can get warm

PO CIJELI DAN

u orbiti
elektronska krv
u ljudskoj ljusci
usmjerava kretanje
izbijajući lukavu bol
do smrti vjernu
lukavu bol
što preskače
iz ruke u ruku
iz ruke u nogu
iz noge u oko
u vještu muku
nepoučena straha
a slobodoumna sila kojom kapljice krvi
pritišću zadebljanja razgranatih žila
prelazi u prisjećanje
a prisjećanje u bliskost
a bliskost u karakter
kojim se krv predaje
ostatku svemira

ALL DAY LONG

in orbit
electronic blood
in a human shell
directs movements
striking the cunning pain
faithful till death
the cunning pain
which leaps
from hand to hand
from hand to foot
from foot to eye
into the skillful torment
of untaught fear
and the open-minded force of the drops of blood
pressing the knobs of branched veins
passes into recollection
and recollection into closeness
and closeness into character
surrendering blood
to the rest of the universe

U ZDJELICI

sve što se jede
mora se najprije dobro smrviti
pa uzeti samo koliko možeš
ili koliko ti je potrebno

uzalud je preskakati istinu
pomisliti kako si širi
od dvanaest pari hrskavih rebara
zabijenih u komade mesa

ipak
uvijek ostaje
otvoreni pogled
koji se na kraju spušta u
samo tvoje zdjelice
u kojima stoje izrezani kilometri
dok ti mrviš
sav onaj mrak

IN THE BOWL

all that is eaten
must be crushed properly first
then take only as much as you can
or as much as you need

it is pointless to pass over the truth
thinking that you are wider
than twelve pairs of crunchy ribs
stabbed into pieces of meat

still
there is always
the open view
which eventually descends into
your own pelvis
with its cut miles
while you crumble
all that darkness

ISPOD KAPAKA

i sad ti vidim oči
usput
i ne znam kakve su to riječi
što govore
kako za sve treba postojati
mjesto i vrijeme

pa gdje je slika

dva oka
svjesno otvaraju
nestrpljivi treptaj
što povlači kapke
da se ne razlete u prostor
pun zrnaca

ispod kapaka raste sljepoća
i treba je naučiti slušati

i sad ti čujem oči

UNDER THE EYELIDS

now I see your eyes
by the way
and don't know the sorts of words
that say
that there should be
a time and a place for everything

so where is the picture

two eyes
consciously open
an impatient blink
which pulls back the eyelids
not to let them scatter in space
full of particles

blindness grows under the eyelids
and one should learn to listen to it

now I hear your eyes

U POTKROVLJU

moram li
izbrojati sve
provjeriti sve
kako bih pronašla broj u tvojoj ulici
Bože
vidjeti ima li te u kući
vidjeti kako živiš
imaš li zavjese
pereš li ih sam
spavaš li nekad
u toj utrobi
u toj jami od koštica
zapletenih u košari od sunca
što se kotrlja
od jednog do drugog prozora
budeći
uspavane otkucaje
ispod svilena potkrovlja

IN THE ATTIC

do I have to
count everything
check everything
to find the number in your street
God
to see if you're home
to see how you live
whether you have curtains
whether you wash them yourself
whether you ever sleep
in that womb
in that pit of seeds
tangled in a basket of sun
that rolls
from one window to another
waking up
dormant beats
under the silky attic

PACIJENT

kad sam prestala
razmišljati o talentu
počela sam razmišljati o vježbanju
a kad sam prestala razmišljati o vježbanju
počela sam razmišljati o volji

iz talenta u vježbu
iz vježbe u volju
iz volje u moć

imala bih malena pacijenta
s reputacijom nezdrava načina života
koji je morao savladati
najjednostavniji oblik preživljavanja
dok sam se ja snalazila
u pranju rublja

sve što je moglo biti izvan nas
bilo je protiv naše volje
kao i prekomjerna prošlost
i prekomjerna budućnost
koju nisam došla čekati
jer sam trebala dovršiti misao
kojom bih objasnila
kako bi još jedan umirući slučaj iz nemara
mogao izgledati
kao obična
banalna
nemoćna isprika

THE PATIENT

when I stopped
thinking about talent
I started thinking about exercising
and when I stopped thinking about exercising
I started thinking about will

from talent to exercise
from exercise to will
from will to power

I used to have a little patient
with a reputation for unhealthy lifestyle
who had to master
the simplest form of survival
while I was handling
my laundry

everything that could have been outside of us
was against our will
as well as the excessive past
and the excessive future
which I did not come to wait for
because I needed to complete the thought
to explain
how another dying case of negligence
could look like
an ordinary
banal
powerless apology

UVIJEK BOLI

kad djeca plaču
umjesto jabuka
a vrag i dalje bude gladan
razvuče se utroba
a tupi se noževi krenu oštriti
tražeći meso
u zemlji punoj kostiju i mesa

o ružna gladi
kako se tebe hrani
zagrmi praznina

kad se odlomi glad
glad samu sebe počinje gristi

a odakle glad
u mesnatoj jabuci
što na grani raste
pitam se

a nekako znam da uvijek boli
kad se raste

IT ALWAYS HURTS

when children cry
instead of apples
and the devil is still hungry
the entrails are stretched
and blunt knives are sharpened
looking for meat
in a land full of bones and flesh

oh ugly hunger
how are you fed
roared the emptiness

when hunger breaks off
it begins to gnaw itself

but how can hunger arise
in a fleshy apple
growing on a branch
I wonder

and somehow I know it always hurts
when one grows

UTJEHA

onim ljudima
koji su svom svojom
najskromnijom snagom
odgurivali tako aristokratski
moju mrzovoljnu mučninu
zahvaljujem tiho

i sad se pažljivije budim
u ovoj prekomjernoj krajnosti
pomalo sretnija
pomišljajući
ima li ičeg nevinijeg
od utjehe
što majčinski ometa
onu ružnu
neuglađenu
ravnodušnost

COMFORT

to those
who used all
their humblest strength
to aristocratically push away
my grumpy nausea
I give quiet thanks

and I wake up more carefully now
in this excessive extreme
a bit happier
thinking
is there anything more innocent
than comfort
which motherly frustrates
that ugly
coarse
apathy

AKO DRUGOG NEMA

na licu mi raste suza
i to je ono što
od sebe dajem
kad sam čovjek

a da je lako roditi čovjeka
svatko bi sebe rađao

i ničeg u samom sebi nema
ako drugog nema
ako prethodno
ne postoji nešto
toliko živo
kao uskrsla vjera
kojom se prepada obično umiranje

UNLESS THERE IS ANOTHER

a tear grows on my face
and that is what
I give of myself
when I am human

and if it was easy to give birth to a human
everyone would give birth to themselves

there is nothing in oneself
unless there is another
unless there is already
something
as alive
as resurrected faith
that scares away ordinary dying

U LETEĆEM INKUBATORU

treba još samo preživjeti
da te nisu voljeli
onako kako ti je trebalo
da se nikad više ne bi čudio
što je čovjek

teško je izgovarati sebe
u sebi
iz početka
dok se s mirom ne sastaneš
i puštati da sve odleti

ucrtaj mi put
Stvarnosti nebeska
da ti dođem
sretna
sretnija
nego danas

IN A FLYING INCUBATOR

now you only need to survive
not being loved
the way you needed to be
to forever stop wondering
what makes a man

it is hard to pronounce oneself
within oneself
from the beginning
until you meet peace
and to let everything fly away

heavenly Reality
chart me a path
so I can come to you
happy
happier
than today

OBIČAN ŽIVOT

ja se nemam vremena
učlaniti ni u jednu političku stranku
i u svoju glavu ubaciti
tobožnji jezik
pa učiti tijelo da ga razumije

ja se još moram zamisliti
nad mojim neprirodnim godinama
što su od mene učinile bogalja
što su mi odnijele snagu
kojom sam mogla jasno šaputati
da sam ranjena
ne srameći se zbog toga
i priznati svima
kako ne mogu više čuti
da vas nema
tamo gdje vas tražim

ja se još moram očistiti
zbog toga što lažem
zbog toga što lažemo zajedno
vjerujući da ćemo pamtiti
male neočekivane istine
koje smo pripremili jedni drugima
u malenu mutnu jeziku preživljavanja vodeći se samo
jednim običnim životom

AN ORDINARY LIFE

I have no time
to join any political party
and wrap my head around
a so-called language
and teach my body to understand it

I am yet to reflect upon
my unnatural years
which made me a cripple
stripped me of the strength
that would let me clearly whisper
that I am wounded
unashamed of it
and confess to everyone
that I can't hear anymore
that you are not
where I am looking for you

I am yet to purify myself
because I lie
because we lie together
believing we will remember
the small unexpected truths
we prepared for one another
in the small blurry tongue of survival guided only by
an ordinary life

ŠKOLA

što ako je čovjek kreda
a Bog spužva
što ako učenici
izlaze pred ploču
i pišu kredom
tko su onda učenici
i što je ploča
što ako sve već postoji
što ako se samo netko
bavi pretpostavkama
što ako je škola
upijanje
hoće li na kraju
sve zamisli
ostati u spužvi

SCHOOL

what if man is chalk
and God is a sponge
what if students go
in front of the blackboard
and write with chalk
then who are the students
and what is the blackboard
what if all of it already exists
what if someone is only
speculating
what if school is
absorption
will all ideas
eventually
remain in the sponge

Nebo umočeno u dah – tajna nove poetske kutije Barbare Baždarić

Odmalena su nas učili da se k poeziji može dvama putovima; „što je pjesnik htio reći" i – „što je rekao". Kada netko poznaje pjesnikinju, kada je s njom ispio više i ljetnih i jesenjih kava, i kada mu je ona sama povjerila mnogo o tome kako se neknjiževno pretače u književno, u napasti je da krene prvim putem. Dodatnu primamljivost čitanju poezije u vidu onoga što je pjesnik htio reći daje činjenica da pjesnici ponekad doista žele nešto reći, i žele da ih se razumije, a to ne ide. Pjesnikinja Barbara Baždarić moja je bliska prijateljica; često govori o svojoj poeziji, otkriva njezino značenje srodnim dušama, pa bih najradije zapisala što mi je rekla. Ipak, njezine su pjesme hotimično zagonetne. Nerijetko umješno hermetizirane poput kutije, kako i naslov kaže, otpočetka su dovoljno nerazumljive da traže gonetanje. Zato ću krenuti drugim putem i ponuditi vlastito čitanje zbirke. Ono je tek jedno od mogućih. Nastoji se čvrsto držati teksta, a ne tumačiti ga iz instrumentarija teorijske rešetke.

Treća je pjesnička zbirka nesumnjivo žilaviji nastavak prethodne, *Mislim da sam vidjela izvanzemaljca*, koja opet izrasta iz prve zbirke Grizem. *Pandorina kutija na rasprodaji* u svemu je zrcalna slika *Izvanzemaljca*: tročlana dijalektička struktura, teme, opsesije, stalni motivi i simboli, prepoznatljivi pjesnički postupci. Autorica je s prvom zbirkom već pustila autentičan i prepoznatljiv glas, da bi ga u drugoj i trećoj razvila i razgranala. Pojavljuju se neki novi motivi i svježe slike, ali temeljni postupci i preokupacije ostaju stalni. Prije svega, danas je posebno nezahvalan posao nečijem pjesnikovanju nadijevati imena. Već sam više puta pisala da navodno živimo u doba autopoetika, ali većina objavljujućih piše gotovo isto. Obrazovanom je autoru tim više teško pronaći vlastiti glas. Izvrsnost fenomena Baždarić sastoji se u iskrenom i zanimljivom pisanju koje ne robuje nijednoj poetičkoj bez ostatka, nego se služi širokom paletom stilskih mogućnosti: postmodernistički pastiš i citatnost, zaum, poigravanje apsurdom, neonadrealizam i neosibolizam, pjesma kao sakralna igra gonetanja, igranje jezikom kao dosjetkom, semantički zanimljive igre riječima, pojmovno pjesništvo logičkog reda i jasnoće, usmenoknjiževni postupak derivacije, na što je ukazao Tin Lemac. Pritom je srce ove poezije čudan paradoks logičnosti i alogičnosti: kaže se nešto lakonsko, nedvosmisleno jasno i logično, a to se kaže mnogosmislenim kombinacijama riječi koji stvaraju oniričke slike ili govore u zagonetkama. Biblijski rečeno, *Mene Mene Tekel Parsin* u uhu proroka posve je jasna poruka: sada gledamo u zagonetki da bismo potom vidjeli istinu licem u lice.

Zbirka je uokvirena naslovom *Pandorina kutija na rasprodaji*, što upućuje na mit o Pandori. Priča je prilično turobna: Pandora – „svime obdarena" – lijepa je i budalasta žena koja bijednome ljudskom rodu od bogova u kutiji donosi sva moguća zla i tegobe zemaljskog života. Time je najavljen pesimizam zbirke. Kao i u *Izvanzemaljcu* i *Grizem*, i ovdje se govori ponajviše o koliziji ja i svijeta, o grčevima bivanja i noćnim morama raznih izvitoperenosti međuljudskih i društvenih odnosa. Međutim, to je tek neka vrsta površine: na dnu Pandorine kutije nalazi se nada, a osim toga, ona je na rasprodaji što znači da sve bolne more netko može otkupiti. Projekt otkupljenja skrivena je srž zbirke. Kao što je i s prvim dvjema zbirkama slučaj, i Kutija je podijeljena na tri dijela. Prvi dio, Autorsko pravo na san pandan je prvom dijelu *Izvanzemaljca* – Nisam Darwin, a nisam ni Bog. U njemu autorsko-lirsko ja progovara o dubinskim temama potrage, bivanja, bitka i identiteta, međutim, u Kutiji se pritom više govori o pisanju kao stvaranju svijeta i odnosa no prije. Drugi dio – Ima li Hitchcock noćne more – poklapa se s drugim dijelom *Izvanzemaljca* – Na gradilištu – gdje se na složeni način ispisuju *razno-razne* nakaradnosti svijeta. Treći dio Kutije – Ikarov tečaj letenja – pandan je Minuti šutnje, trećem dijelu *Izvanzemaljca* u kojem se lirski subjekt obračunava sa iskrivljenom sobom i iskrivljenim svijetom, nastojeći uzletjeti, pri čemu doživljava pad. Međutim, tu je i nada. Umjetnost je, naposljetku, kao i svako stvaranje, izigravanje smrti (Padaju).

Zbirka je precizno filozofična: nema mjesta naklapanju o emocijama, one su put dopiranja do pratemelja bitka kao svjetlosti. Tako zaum u Barbarinu pjesništvu nije izraz besmisla, nego mistika, način da se kroz magiju poezije izrekne ono Istinito. Drama odnosa općeg i pojedinačnog, cijelog i upojedinjenog boji cijelu zbirku. Moglo bi se govoriti o filozofemima Parmenida, biblijskog Propovjednika, Frane Petrića i Marijana Cipre u Barbarinu pjesništvu, ali poeziji ne treba tumačenja kada je ona sama tumačenje. Ipak se pri čitanju nekako prirodno asociraju Heideggerovi pojmovi: bezdan, prosvjetlina, otkrivanje bitka. To posebno dolazi do izražaja u prvom dijelu zbirke. Zbilja se pokazuje u „skupovima", kao podijeljena, isparcelizirana na bića, glasove i moduse: misao i riječ, riječ i tijelo, ja i ti. Većina pjesama ispjevana je kao apostrofa: obraćanje onome „ti" od koga je odvojenost neprilika onome „ja", no istodobno jedini način kako ja može sebe pojmiti. U odnosu pisac-čitatelj to se događa na osobit način. Misli se uvijek binarnim oprekama: S onoga svijeta tek je jedna od pjesama u kojima se tematizira spomenuto dvojstvo površine i dubine, tijela i uma, dodira i riječi. Pismo Barbare Baždarić potvrda je teze koju je Pavao Pavličić uvjerljivo argumentirao u zbirci pisama slavnim ženama *Rukoljub*, kao i u svojoj filozofiji krimića: binarnost svijeta arhetipska je. Jedino u oprekama privid-zbilja, zagonetka-rješenje, zlo-dobro uopće mogu biti odnosi, književni žanrovi, umjetnost uopće, bilo kakva reprezentacija i razumijevanje. Međutim, upravo je rascijepljenost dvojnosti svijeta ono što se uporno nastoji prevladati kroz pisanje i voljenje: iako se bjelina izvora podijelila u skupove, među kojima lirsko-autorski glas sebe traži, cilj je vratiti se u Božji pratemelj („glasna toplina" u pjesmi S onoga svijeta), u prastanje jednote u kojoj su tijelo i duh, dodir i riječ jedno. Pritom su „skupovi" – brojanje, računica, geometrijski likovi simboli tendencije da se čovjeka proračunato svede na „instrument kojim se dobro mjeri" pri čemu ono istinski ljudsko, „ljubav, strah, tuga", nije važno (Skupovi, Instrument). Umjetnost je suprotnost „napretku" i „rastu" jer je „žigosana ljepota/ koja ne treba nikome" (Pokušaj). Kao već stalan simbol prajedinstva pojavljuje se voda, ali i jedan novi simbol – starost kao izvorna samoća cjelovitog bitka (Izabrana pjesma, Anja sebe sanja) . U jednoj od najboljih pjesama, Dragi Kandinsky, krug i plavo sferično nebo prizivaju se kao avangardni simboli duhovnog mira, zaokruženosti bića i savršenstva duše. Tijelo, kojeg je zbirka puna, dvojako se i paradoksno osmišljava: kao prepreka povratku u prajedinstvo i kao most, sposobnost ja da se spoji sa svijetom. Treba još nešto reći o dvojnosti bez koje nema odnosa, koja je ujedno bolna i taj odnos omogućuje: iako je između ja i ti uvijek „jedan metar otpalih koraka", ipak se „metrom koji je jezik" može premostiti ta praznina (Jedan metar otpalih koraka, Biti, O tempora, o mores). Naposljetku, jedino se čovjek u čovjeku prepoznaje (Čovjek o čovjeku). U činu pisanja pak pjesnik i čitatelj postaju nov entitet (Hipnoza, Anja sebe sanja). Možda najviše pjesama bavi se upravo odnosom – općenitim odnosom ja i ti pri čemu ovo ti može biti muškarac ženi, prijatelj prijatelju, dijete roditelju, priroda čovjeku, vlastiti alter-ago sebi, svijet i Bog lirskom-autorskom ja. Bog je više od simbola ili motiva; on je podtekst, podloga na kojoj se drama spoznaje odvija: Bog je tišina u kojoj se čuje glas Rickyja Gervaisa koji ga niječe (Pjesma s mikrofonom, Pogled), a suza je „jamstvo da bitku mora prethoditi bitak" (Ako drugog nema). Pjesma U letećem inkubatoru primjer je poetske molitve. Zaključno, poetski subjekt „prebacuje/ množinu u jedninu/kako bih bolje vidjela svijet/ ako je svijet slučajan/ s čime se ja nisam i neću složiti" (Moglo bi se reći). Pristizanje izvoru spoznaje, hajdegerijanskoj prosvjetlini simboliziranoj gejzirom, mistični je moment (Gejzir).

Osim s drugim i Drugim, subjekt se nalazi u problemu i sa samim sobom, sa sviješću o vlastitoj neadekvatnosti i krivnji: Ikarova škola letenja gotovo cijela dokumentira probleme seboličnosti: takva sam kakva sam, slična sebi, neukalupljiva, griješim, moraš se s time nositi kao i ja (Curriculum vitae). Tu je i obračun s (vlastitim) demonima (Let, Impuls, Pucaj) kojim se doseže dno posvemašnje odbačenosti, boli, praznine, negacije smisla i vrijednosti; „ali nijedan miris nema logike/ što nam se to sviđa/ a kako samo miriše smrt" (Ne pada mi na pamet).

Ovakve tematike razlog su još veće aforističnosti Pandore od prijašnjih zbirki, pažljivo umotane u poetsko tkanje. Autorsko pravo na san prožeto je sentencijama: Nitko neće stati umjesto tebe; Dobre poklone ne treba zamatati; Ljudi su kao bolest od koje se liječiš čitav život; Opažanje je sve što je zamjenjivo; Život je džungla od tisuću vrata; Da je lako roditi čovjeka, svatko bi sebe rađao. Ikar je pak svojevrsna hermetička zbirka mudrih izreka. Pjesmama u tom dijelu zbirke metodičari bi mogli pridodati podnaslove: Epruveta – o pisanju i življenju, Himna – o diktatoru, Kako si – o trivijalnosti toga pitanja i navodnoj želji da se sazna odgovor. Na kraju Ikara kao i u *Izvanzemaljcu* dolazi do smirenja spoznajom da je jastvo uvijek uronjeno u dubinu bitka (U dubinu, Nikud mi se ne žuri). „Što li sam nego onostranost", kliče probuđeno ja (Dug). U društvenoj osi, ljudskost je pradomovina koja nadilazi biljege nacije (Kad odem). Iako je poznata Barbarina deklarativna apolitičnost, zbirka se pri pomnijem čitanju otkriva kao itekako društveno angažirana: samodopadna arogancija tobože slobodnog suvremenog pojedinca koja služi kao krinka narcizma pada na sudištu lirskoga glasa jer „sva sloboda postaje samo u šutnji" (Misli što hoćeš, Na rasprodaji). Iako autorica vješto koristi postmoderne tehnike preispisivanja književnog teksta i filma (Autorsko pravo na san, Oko za oko), u njezinu pismu totalitarni postmoderni Anything goes, blebletanje u kojem su sve krave crne, biva izbačeno s pozornice (Na dan D, Priviđenje).

Nekoliko pjesama mogu se čitati kao sinegdoha cijele zbirke. Inverzija je poetski testament; „ništa što u meni leti više nije ljudsko", kaže pročišćeni lirski glas. Arijadnina nit najljepša je od ženstvenih pjesama zbirke: Arijadna „samo pored svoga srca može umrijeti". Ako bih morala odabrati jednu pjesmu kao ključ za čitanje cijele zbirke, bila bi to možda Listovi drveća: „treba proći/ treba prolaziti/ prolaziti/ iako će se poremeti sve što je bilo/ iako ostaje/ samo izbezumljena živa misao/ da će nas još jednom dodirnuti nešto/ iz čega će/ ponovno narasti/ ovo naše tijelo/ što može čitati/ s listova drveća." Na drveću pak rastu slova abecede; pisanje i čitanje procesi su otkrivanja istine svijeta i njegova (ponovnog) uspostavljanja.

Moglo bi se reći da je u odnosu na prijašnje zbirke pismo Pandore na istome tragu, ali dublje i intenzivnije. „Ne čini me smrt žalosnom, nego svjetovi koje nikada nisam imala", poručuje lirska junakinja (E-Barbara). Upravo ono što nam uvijek nedostaje čini pisanje mogućim. *Pandorina kutija na rasprodaji* otkriva čudan paradoks logičnosti i alogičnosti, praznine i punine: poezija je alogičan govor, ali kazuje nešto logično; nešto nam stalno i bolno nedostaje, a upravo nam to omogućuje da iscjeljujemo i budemo iscijeljeni. Umjetnost je paradoksna, kao što je to i zbilja kao cjelina.

„Iako je bio svjestan da nikada neće moći objaviti ništa osim dječjih priča, Harms ne prestaje pisati" – rečenica je s Wikipedije. Ona sve govori. Znajući koliko je Barbari drag i blizak Harms, možemo naslutiti: znajući da nikada neće moći pisati nezagonetno, prosječna i ugodno zakamuflirana u običnosti, Barbara ne prestaje pisati. U tome joj je suputnik „nebo umočeno u dah" (Dragi Kandinsky).

Marina Katinić Pleić

Sky Dipped into Breath – the secret of a new poetic box by Barbara Baždarić

From an early age, we are taught that there are two paths to get a meaning of poetry: a „what the poet meant" and a „what the poet actually said". When one knows a poetesse, having taken with her dozen of summertime and autumnal coffees, and when the poetesse herself had shared a lot of how the extraliterary world transforms into the literary one, one is tempted to take the first path. In addition to that, it is tempting to read poetry in terms of „what the poet meant" as in fact poets sometimes do want to say something, and they want to be understood, and that doesn't work.

Barbara Baždarić has been a close friend of mine. She often speaks of her poetry, unveiling its meaning to her soul mates, so it would be convenient to witness what she told me. However, her poems are puzzling on purpose. They are often hermetically sealed as a box, just as the title of the book says, they are always opaque enough in order to require solving a puzzle. Therefore I will take another path, offering a reading of my own. This interpretation is just one among many possible. It attempts to stick strictly to the text, and not interpret it on the basis of the grid of theory.

The third poetry book of the author is undoubtedly a tougher extension of the former, I think *I Saw an Alien*, which again has grown out of the first book, *I Bite*. *Pandora's Box on Sale* is, overall, a mirror image of the *Alien*, for its three-member dialectical structure, its topics, its obsessions, its constant motifs and symbols, its recognizable procedures. The author has let an authentic voice out already with her first poetry book. In her second and the third book she had her voice developed and branched out. In the new work some new motifs and fresh visions pop out, leaving the ground procedures and occupations unchanged.

Nowadays, attributing label terms to one's poetry is especially tough business. As I have written before, allegedly we live in the „autopoetic" age, and still the most of publishing authors writes almost in the same manner. For an author of decent education, it is even more difficult to find a voice of her own. Excellence of the phenomenon Baždarić lies in a sincire and interesting writing which does not undergo any poetic label thoroughly, but uses a wide palette of styles: postmodern pastiche and quotation, Zaum, playing with absurdism, new surrealism and new symbolism, a poem as a sacred riddle-solving game, playing with puns, using semantics to play on words, a poetry of sound and clear logic, and the folk literature technique of derivation, as found in evidence by Tin Lemac.

The very heart of this poetry is to be found in the wondrous paradox of logic and illogicallity: when a laconic, unequivocally clear and logical phrase is spoken, it is said by polysemous word combinations that create oneiric images or speak in riddles. In Biblical words, Mene Mene Tekel Parsin in a prophet's ear resounds as a clear message: for now we see through a glass, darkly; but then face to face.

The book is framed with a title *Pandora's Box on Sale*, which points to the myth of Pandora. The story is pretty dull: Pandora – the „all gifted" – is a beautiful and foolish woman who brings all the evils of the earthly life to the misereble human race, sent by gods in a box. Thus is announced some kind of pessimism. Just as in the *Alien* and *I Bite*, here as well it is told mostly about the collision of the I and the world, about cramps of being and nightmares of various distortions of human and social relations. However, that is some sort of surface: on the bottom of Pandora's box there is hope, and apart from that, it is on sale which means that all the painfull nightmares can be redeemed. The project of redemption is the very source of the book. Just as is the case in the first two books, the Box is structured in three parts. The first part, Copyight to the Dream, is a counterpart to the first one of the *Alien*: I am not God nor Darwin. In the first part the author-lyrical I comes to speak of deep topics of search, existence, Being and identity; however, in the Box it is thereby spoken more of writing as creating the world and relations, than before. The other part – Does Hitchcock have Nightmares – corresponds with the second part of the *Alien* – At the Construction Site – which displays complexity of world perversions. The third part of the Box – Icarus' Flying Course – is a counterfeit to the Minute of Silence, the third part of the *Alien* which presents the lyrical subject's showdown with a distorted self and a distorted world, trying to fly, and eventually falling. However, there is hope, too. Arts and literature are, after all, just as any creation, playing out death (Falling Down).

The book is precisely philosophical: there is no room to wishy-washy chatter of emotions, they are a path to reach the fundament of the being which is light. So is Zaum in Barbara's poetry not an expression of nonsense, but a way to speak out the True through the magic of poetic language. The drama of relation between one and the general, the whole and the individual, has coloured the whole book. Philosophical ideas such as of Parmenides, of the Biblical Ecclesiastes, of Franciscus Patricius and Marijan Cipra could be traced in this poetry, but poetry aint need interpretation as it is a very interpretation itself.

Though, reading Barbara's poetry somehow naturally evokes Heidegger's terms: abyss of ground, clearing, unconcealment. This is the case particularly in the first part of the book. Reality manifests itself in „sets", as divided into plots, diversified into beings, voices and modes: a thought and a word, a word and a body, I and thou. Most of the poems have been composed as an apostrophe: addressing a „you" absent from „I" at a cost of unease, and yet the only way how the I manages to know itself. As regards writer-reader relationship, this happens in a distinct manner.

In this poetry, thinking is always present in binary dichotomies: From the Outer World is one among many poems addressing the forementioned duality of surface and bottom, body and mind, touch and word. Thus, this work confirms the thesis that Pavao Pavličić has convincigly argued in the Handshake, a collection of letters to famous women, just as in his philosophy of detective story: binarity of the world is archetypal. Only in and through such dichotomies as reality-illusion, riddle-solution, good-evil can exist relations, literary genres, creativity in general, and any representation and understanding. In Barbara's poetry, the world being torn apart is to be overcome through writing and loving: although the whiteness of the origin has been divided into sets, among which the lyrical-author subject seeks herself, the aim is to return to the God's primordial ground („this loud warmth" in From the Outer World), to the primordial state of unity in which body and spirit, touch and word are one. Apart from that, the „sets" – counting, algebra, geometric shapes – are symbols of the tendency to reduce human being, through calculation, to „an instrument with which vagueness is well measured" while what is genuinely human („this love, this fear, this sorrow") remains unimportant (Sets, An Instrument). Artistic creation is an opposition to „progress" and „growth" for it is „branded beauty/ it had no one to grow for" (An Attempt). An already fixed symbol of pre-unity in Barbara's poetry is water, and here comes a brand new symbol – old age meaning an original solitude of the being made whole (The Chosen Poem, Anna Sees Anna). In one of the best poems, Dear Kandinsky, circle and blue spheric sky act as avant-garde symbols of spiritual peace, roundness of being and perfection of the soul. Motive of body, the book being full of it, has an ambiguous and paradoxical meaning: an obstacle to the return into the pre-unity, and a bridge, an ability of the I to connect to the world.

One more thing must be said about binarity that is indispensable for relations, and at the same time painful: although between I and you there is always „one meter of fallen steps", it is postible to bridge this gap by „the language that turned into a meter" (One Meter of Fallen Steps, O tempora, o mores). Eventually, a „man is recognized only in another man" (A Man inside a Man).

In the act of writing, a poet and a reader become a new entity (Hypnosis, Anna Sees Anna). Perhaps most of the poems deal with an I-you relationship where this „you" vary as a romantic „you", a friend, a child to a parent, a man to nature, an ego to its alter-ego, the lyirical-author I to God or the world. God is more than a symbol or a motive, he is a subtext, a ground to host the drama of knowing: God is a silence in which Ricky Gervais' voice denying Him is heard (A Poem with a Microphone, It Does Not Occur to Me), and a human tear is a guarantee that „there's nothing inside our own selves/ if there previously/doesn't exists something/ so alive (If There's no Other). In a Flying Incubator is an example of poetic prayer. In conclusion, the poetic subject „has been switching/ plural to singular/ to see the world/ better (…) if the world is random/ I could never agree with that/ and I never will (One Might Say). Getting to the origin of knowledge, that is a haideggerian clearing symbolised by a geyser, is a mystical moment (Geyser).

Apart from problems with the other and Other, the subject has problems with herself as well, being aware of her own inadequacy and guilt: Icarus' Flying Course almost wholly traces problems of self-likeness: I am the way I am, resembling myself, unmoldable, I make mistakes, and you have to cope with it just as I do (Curriculum Vitae). There is a clash with (my own) demons (Flight, An Impuls, Shoot) so I will reach the very bottom of a total turndown, pain, emptiness, negation of meaning and value; „but not a single scent/ has logic/ what do we like about that/ but the death still smells"

(It Doesn't Occur to Me). Such topics are reason to even more sagacious character of Pandora compared to previous books. Copyright to the Dream is permeated with aphorisms: No One will Act instead of You; Great Presents Need not be Wrapped; People are like an illness/ one is trying to cure one's whole life; that perception was everything/ which was interchangeable; life is a jungle/ with thousand doors; if it was easy to give birth to a human/ everyone would give birth to themselves. And Icarus is a hermetic collection of wise sayings. The poems contained could be endowed with subtitles, as follows: Test Tube – on writing & living, Anthem – on dictator, How are You – on banality of this question and the alleged wish to hear the answer. At the end of Icarus, just as in the *Alien*, one gets calmed down by understanding that self is always immersed in the deep of being (In the Deep, I'm not in a Hurry to Anywhere). „What am I but otherworldliness", shouts the awakened I (Debt).

Considering the societal level of the content, a message of the book is clear: humanity is a primordial homeland surpassing the seal of nationality (When I go). Despite of Barbara's declared apoliticism, a deeper reading discovers the book is socially involved, unmasking complacent arrogance of allegedly free contemporary individual and his narcissism; a lyrical voice exposes hi min what he is as „all freedom remains only in silence" (On sale, Think what you Want).

Although the author skillfully uses postmodern techniques of rewriting the literary text and film (Copyright to the Dream, Eye for an Eye), a totalitarian Anything goes, chatt „in which all cows are black", gets thrown off the stage (On D-day, Premonition). A few poems may be read as synecdoche of the entire book. Inversion is a poetic life will; „everything that flies inside me/ is no longer human", says the purified lyrical voice. Thread of Ariadne is the most beautiful of feminine poems in the book: Ariadne „only there/ she can die/ in peace/ next to her heart". And if I should choose one poem as a key to read the whole book, it would be The Leaves of the Trees: „it needs to pass/ to go on/ and on/ even though all that was will be disrupted/ even though what remains/ is just an alive and bewildered thought/ that we shall once again be touched by something/ from which it grows/ once again/ this body ours/ which can read/ from the leaves of the trees". And on these tree branches letters of the alphabet grow, suggesting that writing and reading are proccesses of discovering the world's truth and its (re)establishing.

Compared to the former books, the wiriting of the Pandora is on the same track but deeper and more intense. „Death does not make me sad/ but the worlds I have never had do", says the lyrical voice (E-Barbara). Exactly that, what we always miss, makes creative writing possible. *Pandora's Box on Sale* reveals a wondrous paradox of logic and illogicality, emptiness and fullness, for poetry is an illogical speech that tells something quite logical. There is something we constantly and painfully miss, yet that enables us to heal and get healed. Artistic creation is paradoxical, just as reality as the whole is. „Although he was aware he could never publish anything but children's stories, Kharms didn't stop writing" – as Wikipedia put it on Daniil Kharms. This sentence tells everything. Having in mind how fond Barbara is of Kharms, we can figure out that, knowing she could never write in an unequivocal, average and usual way, she does not stop writing. On this path she goes on accompanied by the „sky dipped into breath" (Dear Kandinsky).

Marina Katinić Pleić, PhD

www.ingramcontent.com/pod-product-compliance
Lightning Source LLC
Chambersburg PA
CBHW070534010526
44118CB00012B/1138